OTUZO
twOvaherero

NGUNGAA HANGARA

University of Namibia Press
www.unam.edu.na/unam-press
unampress@unam.na
Private Bag 13301
Windhoek
Namibia

© Ngungaa Hangara, 2017

All rights reserved. No part of this publication may be reproduced, stored in any retrieval system or transmitted in any form, or by any means, e.g. electronic, mechanical, photocopying, recording or otherwise without prior permission of the publisher.

First published: 2017
Cover design: Romeo Sinkala
Illustration of homestead: Petrus Angombe Shiimi
Copy-editing: Jekura Uaurika Kavari
Design and layout: Clara Schnack
Printed by: John Meinert Printers, Windhoek

ISBN 978-99916-42-38-3

Distribution
In Namibia by Namibia Book Market: www.namibiabooks.com
Internationally by the African Books Collective: www.africanbookscollective.com

Okutwi

Okutwi	iii
Embo rOkomeho	iv
Preface	v
Ondangu	vi
Acknowledgements	vii
Ombutiro	viii
Introduction	ix
Otuzo	1
Oruzo rwOhambandarwa (ohambondarwa)	3
Oruzo rwOherero	6
Oruzo rwOhorongo	8
Oruzo rwOkanene	23
Oruzo rwOkasama	28
Oruzo rwOkoto (Ekoto)	29
Oruzo rwOmakoti	35
Oruzo rwOmangarangwa	46
Oruzo rwOmbongora	48
Oruzo rwOmuhinaruzo	54
Oruzo rwOmuko	62
Oruzo rwOmumbaru	64
Oruzo rwOmurekwa	66
Oruzo rwOmusema	69
Oruzo rwOndanga	73
Oruzo rwOndjimba (Omuhinaruzo)	76
Oruzo rwOndjiva	77
Oruzo rwOndondere	82
Oruzo rwOngandjo	83
Oruzo rwOngokavero	84
Oruzo rwOngwandemba	85
Oruzo rwOngwangoro	87
Oruzo rwOngwatjindu / Ongwanyimi / Otjikuma	88
Oruzo rwOngwatjiya	93
Oruzo rwOngwendjandje	101
Oruzo rwOngweyuva	109
Oruzo rwOrumenda	117
Oruzo rwOsembi (esembi)	118
Oruzo rwOtimba	127
Oruzo rwOtjihavirya	129
Oruzo rwOtjindembwe	135
Oruzo rwOtjiporo	136
Oruzo rwOtjitjindwa	142
Oruzo rwOvikoti-ngwatjindu	146
Ozomburo / References	147
Ovayandje / Informants	149

Embo rOkomeho

Embo rOtuzo twOvaherero mari tara keraka rOtjiherero noviuṋe vyaro ovinanḓengu mbi hi ya tjangwa, nandarire kutja oviuṋe ohunga notuzo nomitango vyozonganda vi tjiukwa. Embo mari pwike oviuṋe ovinanḓengu imbi ovihaṋuṋungwa mbi hungirwa kotjinyo momatjangwa ngunda avi hi ya zenga. Otjiṱo otjitjavari, embo indi mari kotora outongatima motjiwaṋa na mozonganda zOvaherero nḓa piziwa i ovita vyOvaherero nOvandoitji vyo-1904 nga 1907.

Embo indi ra tjangwa ongondoroka notuzo twOvaherero, tjinga oruzo e ri ongunḓe onene yongamburiro yOvaherero indji yOupweye. Ozonganda nḓe na oruzo rumwe za tjangwa kehi yoruzo rumwe kokutja pe yandja oupupu komurese okutjiwa ozonganda ozonḓamumwe poo nḓa za momuze umwe. Komurungu embo mari raisa oviuṋe vyoruzo aruhe tjimuna ondwezu yoruzo ndwo, ovizerika, otuzo tu tu huhurasana nomitango poo omiṱanḓu vyozonganda zoruzo ndo.

Otuzo atuhe nomitango avihe mbi ri membo ndi vya wongwa okuza motjiwaṋa tjOvaherero mbe hupira mo Namibia. Ami mba ungurisa embo "Ovaherero" okuhitisa omihoko avihe mbi wira kehi yOuherero nu mbi hungira eraka rimwe mbi ri Ovahimba, Ovaherero, Ovatjimba nOvambanderu.

Membo ndi kamu tjangerwe oviuṋe avihe vyotuzo atuhe nomitango vyozonganda azehe zOvaherero. Ku nao me vanga okuyandja erakiza kovarese vembo ndi kutja ave ha undjire ko kokutja mave yenene okuvaza otuzo atuhe nomitango vyozonganda azehe membo ndi.

Embo ndi me kambura kutja mari yenene okukuta ozonganda nḓa kwatwa kumwe nokupaturura omakonḓononeno omakoto ohunga nozongwatero zozonganda zOvaherero.

Embo ndi mba yandja komuyaruke Ombara Otjitambi Dr Kuaima Riruako. Suva nongwizikiro yokutja oturoto twoye eṱe matu yenenisa

Ngungaa Hangara

Preface

This book about the patriclans (called *otuzo*) tackles an aspect of Otjiherero and folklore which previously has not been in written form, although all praise poems of homesteads are known. The book attempts to preserve and document this intangible heritage, which is in the form of oral traditions and expressions, before it disappears. Secondly, the book is aimed at restoring pride to the Ovaherero, in particular, in patrilineages and homesteads that were displaced by the Ovaherero-German war of 1904-1907.

The book is structured around the Ovaherero patrilineal descent systems called '*otuzo*', and the patriclan '*oruzo*' which is the basis of the Ovaherero religion '*Oupweye*'. The surnames and homesteads that belong to the same patrilineage are grouped together under each patriclan to help the reader to easily trace the homesteads that belong to one patriclan (and thus have a common ancestry). The book further narrates the distinct features of each patriclan in terms of totems, taboos, patriclans that collaborate and praise poems of surnames and homesteads.

All the patriclans and praise poems in this book were collected from the Ovaherero community living in Namibia. I use the term 'Ovaherero' to include the various tribes forming the Ovaherero group and speaking a common language, which are the Ovahimba, Ovaherero, Ovatjimba and Ovambanderu.

This book does not include all patriclans and praise poems of all Ovaherero patrilineages and homesteads. Therefore, I want to warn the reader not to expect to find all patriclans and praise poems in this book.

I hope that the book will link different Ovaherero patrilineages and homesteads from the same ancestry, and also encourage more academic research into the genealogy of different Ovaherero homesteads.

This book is dedicated to the loving memory of our late Paramount Chief, Dr Kuaima Riruako. Rest assured that we will fulfil your dreams.

Ngungaa Hangara

Ondangu

Rutenga me yandja okunene okuhepa ku **NDJAMBI NOVAKURU VANDJE** mbe ndji pa ounongo nomasa wokutjanga embo ndi.

Ondangu yandje mai i komundu ngamwa auhe ngwe ndji hindira omutango wonganda yavo, na wina ozosikore nozomiṯiri nḏe honga Otjiherero wina nḏe ndji hindira omitango vyozonganda, mena rokutja nokuhina ombatero yeṉu embo ndi katjari tjangwa. Tjinene me yandja ondangu ku imba: Susana Tjimbinae Kahuure, Else Tjiumbua, Kaejarukapo Evangeline Katjipi, Tujoromajo Ndinda, Erika Kautoora Uaseta, Steven Kaṯurumo, Akhas Kaveṯuna, Botha R. Kamatjipose, Majiumbu Jozikee Tjaimba, Meundju Tjingaeṯe, Marukua Kangombe, Ndjipounongo Rapuika, Paseuokuruuo Matui Musaso, Gottlieb Meraakuaṉi Kazombiaze, Nancy Katupa (Katataiza) Marenga, Girley Tuvatera (Kazauana) Tjejamba, Ujeuetu Tjihange, Uaenena Kandjii, Ondangere Ngeke Katjangua, Mupuee Amos Kaongua, Jonas Uezeturisa Hepute, Mbanda Hijangaruu Veseeveṯe, Ondangere Kenapeṯa Tjatindi na Kahipa Mbapanḏa Tjiuma.

Wina me yandja ondangu yapeke konongo Jekura U. Kavari kondungiro nomatarero wembo indi na kOrupa rwa Unama rwOmapitisiro wOmambo kombatero yokupitisa embo ndi. Mutengwa Miṯiri Benestus Eerike Katjangua me ku tjere okuhepa kokutara embo ndi nomutengwa Witlock Uendjimuna Kamatoto kokuungura otjikotji tjembo ndi na Petrus Angombe Shiimi kotjiperendero tjondjuwo tji tjiri moukoto wotjikotji tjembo.

Acknowledgements

Firstly, I would like to thank **GOD AND MY ANCESTORS**, for it was only by their grace that I could complete this book.

I wish to thank everybody who shared information with me, including the schools and teachers that teach Otjiherero because it would not have been possible without their contributions. Sincere thanks and acknowledgement is extended to Susana Tjimbinae Kahuure, Else Tjiumbua, Kaejarukapo Evangeline Katjipi, Tujoromajo Ndinda, Erika Kautoora Uaseta, Steven Katurumo, Akhas Kavetuna, Botha R. Kamatjipose, Majiumbu Jozikee Tjaimba, Meundju Tjingaete, Marukua Kangombe, Ndjipounongo Rapuika, Paseuokuruuo Matui Musaso, Gottlieb Meraakuani Kazombiaze, Nancy Katupa (Katataiza) Marenga, Girley Tuvatera (Kazauana) Tjejamba, Ujeuetu wa Tjihange, Uaenena Kandjii, Ngeke Katjangua, Mupuee Amos Kaongua, Jonas Uezeturisa Hepute, Mbanda Hijangaruu Veseevete, Kenapeta Tjatindi and Kahipa Mbapanda Tjiuma.

I also owe a special word of thanks to Professor Jekura U. Kavari for structuring and editing the book, and to UNAM Press for publishing it. Mr Benestus Eerike Katjangua for assisting with linguistic revision of the book, and Witlock Uendjimuna Kamatoto for assisting me with the cover concept illustration and Petrus Angombe Shiimi for the drawing of the homestead.

Ombutiro

Mombura ndji 1884, Osuid-Wes Afrika (nai nda rira Onamibia) otji ra rira okarukondwa kehi rOvandoitji nu ake kekwa kokuungurisiwa momekurisiro wotutumbo novikunwa na wina komaturisiro wOvandoitji ovaenda. Omeero wovavapa ovengi mehi mombura 1890 na mozombura zeyoviwondo oritjamirongo vivari, ya tjita kutja Ovaherero ve kare nouyara outjiti kozomburo zomeva nomaryo kovinamuinyo vyavo. Otjina hi tja eta okuhina ohange mokati kOvaherero nu otji tja twara kondjembo yombura ndji 1904. Momueze mbwi Katjose wombura 1904, Ovaherero va taarwa i Ovandoitji pOhamakari mene yondundu ya Tjozondjupa (Waterberg). Ovaherero va harere okuyandekwa tjinga imba mba hupa peyuva rondjembo ya Hamakari ava kata i yondjara nonyota mokuti onguza kwa Maheke tji va taura okuhungama kOtjauana (Botswana), tjiva va ta i youanga mbwa umbwa mozomburo zomeva, nu wina tjiva ava ta i yovimbumba vyovasorondate mbe ve tezera kombunda eyuva rondjembo ya Hamakari. Wina otjingi tjovandu va rekwa, va yahwa nokukatira motumbo twouhuura twakatjombondi.

Ondangu nohivirikiro me yandja ku NDJAMBI ngwa yama Ovaherero kotjitiro otjindjandja. Ovaherero mba hupa kondjembo ya Katjivitjouanga, va pandjara ouini auhe oombu nyinganyinga na mbu ha nyinganyinga. Ovaherero va pandjara ehi romaturiro, ovinamuinyo nouini warwe ngaa kombazu noviune vyayo. Ondjembo ya Katjivitjouanga pendje nokuzepa otjingi tjOvaherero ya hana nokurimba ovandu. Ondjembo ya hana ovanatje kovanene vavo, ya hana ovangu nomarumbi, ya hana oviwana nozonganda. Ndino Ovaherero tjiva ve hupira komamuho wehi ra Namibia, mOtjauana (Botswana), mOsuid Afrika (South Africa) na mouparanga wouye nu ve ritamuna kutja Ovaherero nandarire kutja kave hungire eraka rOtjiherero. Otjikumise, tjiva ve imbura meraka rOtjiherero posi ya kave hungire eraka ndo.

Mena rondjembo ya Katjivitjouanga, ndino omaisaneno wozosano nomatjangero wazo ya runduruka otja mongaendero yozombura. Ovandu tjiva va hara ozosano ozombe posi ya ngunda ve zemburuka omana wooihe ovakuru notuzo twavo, nu mu nao embo ndi mari vatere okupaha nokukuta ozonganda nda kwatwa kumwe.

Embo ndi mari yenene okukurisa ombwaneno motjiwana tjOvaherero mokuyarisa ouzamumwe nouzapamwe mokati komatundu, na wina mari hongo nokuvatera okuyarisa kovanene nozonditona nozondekurona ndu maaze kakwatwa kutja ovandu va kwatwa vi kumwe.

Introduction

In 1884, South West Africa (currently known as Namibia) became a German territory and the new territory was targeted for large scale farming and mass settlement by Germans. With the arrival of Europeans in South West Africa in the last years of the late 1890s and early years of the twentieth century, Ovaherero people's access to water and pasture for their herds became increasingly restricted. This caused discontent among the Ovaherero and prompted an uprising in 1904. The Ovaherero were defeated at the battle of Waterberg in August 1904 and were almost exterminated because the Ovaherero who survived the battle of Waterberg died of starvation and thirst; died of poisoned water; died in ambushes and attacks by the cleansing patrols in the Omaheke desert while trying to flee to Botswana. Many others were hanged or shot, and died in concentration camps.

Praise goes to GOD who spared the Ovaherero from the genocide. Those who survived the genocidal war lost both assets (land, livestock and belongings) and some aspects of their traditional culture. The genocidal war, besides massacring many, displaced and scattered the Ovaherero. The genocidal war separated children from their parents, separated siblings, and separated Herero patrilineages or homesteads. Today, some Ovaherero live in southern parts of Namibia, Botswana, South Africa and in the diaspora and keep asserting their Ovaherero identity although they generally seem to have lost all knowledge of their language, Otjiherero. Surprisingly, some can sing in the Otjiherero vernacular although they cannot speak the language.

Many Ovaherero surnames (which are similar to patrilineages), pronunciations and spellings have been changed over the years due to displacement as a result of the genocidal war. Some Ovaherero acquired completely new surnames but still remember the names of the grandfathers and patrisibs (called otuzo) which easily can be traced and related or linked to the patrilineages or homesteads' names in this book.

This book has the potential to build unity within the Ovaherero community by showing the interrelationships between families, and helping to educate people both old, young and future generations to realise that they are connected to each other in ways they did not know about.

OTUZO

Oruzo rwOhambandarwa (ohambondarwa)[1]

Ozonganda	Kahere
	Kahuure
	Karutjindo
	Katjinaaṉi
	Katjipi
	Katjiri
	Katua ya Kainakuva
	Kotukaru
	Mbuze
	Nguvauva
	Tjiho
Ozondjupa	Rumana
	Tjisekiro
Ondwezu	Ombyataura
Ovizerika	Kave ri eraka
	Kave tumbu onḓu ondovazu
	Kave tumbu ombwa onḓorozu (onḓorowa)
Okuhuhurasana	Omurekwa
	Okoto
	Omakoti
Omuṱanḓu	*Kahere, Karutjindo*
	Oya Kahere ka Hijanautoṉi
	Oya Karutjindo omukuzembanda
	Omuvi omukuendjandje ngwa purirwe kozongombe za Tjikara tja Muatjombe
	Oyovita vya Kanḓerombonde komuungomeva.

---

[1] Oruzo rwOhambandarwa (ohambondarwa) rwa pita poo rwa rambwa moruzo rOkoto (Ekoto) mena rongombe ombyataura.

Kotukaru
Oya Katjirumatere
Tji tja rumata, tja ṱunwa
Ova Huambi
Ovongeyam' ondambi.

Nguvauva, Kahuure, Katjinaaṋi
Onganda ya Nguvauva ya Tjozohongo
Ya Katua ka Kainakuva
Ya Tjiute tja Tjondjou
Onganda oya Kahuure ka Katjitambi
Vohambo ya Maṱupa, onaa Tjandeka
Oya Nangoro wa Kaṱire
Ovanatje va Tjitana ya Kamanga, ovari va Katjiri
Ondwa ya Mukaatami na Mukaavirunga,
Kambeire mbi munik' oozonyanda kokure
Ondwa maamu rarere Hijakungairi
Wengondo rovari novarire
Ndi ri ondana ya Karitjit' ongongoro
Ngwa kwaterwa kombanda ya Mukaatjaimba
Ndja muna Kaṱuneeko wokarumendu kanaa Ndjere
Kuya kehingi ozokombunda zokotjiuru aze nyinganyinga
Ayoo ze nongutirwona
Ondwa maamu rarer' omuatje wa Inaamikura
Ingwi wombambo kotjinyo
Ondwa maamu rarere ombara okakoto
Ngwa yaruka ku ihe kOngango, koṋa ke rivangera
Oyozongombe inḓa oza Nguvauva wongambera ya Nanḓa ya Tjozohongo
Ya Katua ya Kainakuva,
Ovanatje va Tjiute tja Tjondjou vahi ya Koruunda
Wongombe ya Kaz' omango
Ndja ri nomakotovango owa ndji mai tira okukwatwa
Ondwa yozongombe ozOmbyataura zotjara momitjira

Ozosupi ozombambaro zovizumo zanaa Kamuvi
Nḓa kond' orutjandja rwozonyanga
Ndu ri ongombe ya Ndamunis' ongonga
Ovihaowandambo, omangura nḓu maze nikor' okupweya
Ozombanḓe maze rara uriri,
Nḓu maze rasa kozondana ozongwao aza taura
Kotjiṉa tjozongenyewe tji tji ri ombwona ya
Muari Mureko

Tjiho
Onganda ya Tjiho tjomutondoriro ngu ri
oombunga norutjindo
Ovanatje va Tjiumbirua wongwe ya Nambura
Ndja turura Ndovazu
Tjiho owa Ngeke
Owa Karutjindo
Owa Tjikara tja Muatjombe

Oruzo rwOherero

Ozonganda Karutjaiva
Kuvare
Tjambiru
Tjiningire
Tjipombo

Ozondjupa Ruuyu
Rumana

Ondwezu Ombahozu

Ovizerika Kave tumbu ongombe ondaura
Kave ri oruverera rwongombe
Ovakazendu kave ri omaṱupa inga omanene
(omuho, epindi, etumbo, orukete, eokoro)

Okuhuhurasana Karu huhurasana na twarwe

Omuṱanḓu ***Kuvare, Karutjaiva***
Oya Kuvare kwa Ndjai
Otjivetenda tjOmuherero
Tate Hijakatjirunga yanaa ya Tjoja omuingona
Ovanatje vongombe ya Kaṱuta
Indji ondjava tji ya rara, ohaka tji ya kurama
Ongombe ndja ire kOmatere wa Nḓurua wa inyangu Tjikoma
Indji ndja ri norukwiriro, ndja rondisa omiru vyetu vivari
Oongombe ya Kaṱuta onduwombe ndja karya, indji ndja ya kozoina
Tji ya rondisa omiru, ai yekurara mOtjitanda tja Hengua ya Mbingana
Za kahaṋikira poo Kaireva ya Mbondo ya Murongo ya Tjakuraruṋe
Mozombaṱu nḓe kura nḓe ṱa pozondunga

Tjambiru
Oya Kakupi komuherero
Oya Tjambiru tjOmuherero ya Tjipaha ku yozikwa
tjomayova ya Kaotamuhama
Oya Hijakotuur' otuw' otutanga
Mbe ha ri oruverera e ri onyam' otjombumba

Tjiningire
Ovanatje va Tjiningire tja Tjapurukuha
Tjomuangu wa Hijakaingona
Tji za sekama, tji matu kakwirira
Tu tja: Tat' ove korukaranga rwozonḑu nozondana
Tat' ove ku zenwa omurava ku ze hi nondjuwo na tundu
Kongombe ya Kamanga ondjeo
Tat' ove kozongaku zeyuva kokakoro kondongo ku Tjitana ya Kasupi
Komuiira ku ze punda omongo, aze karonda ombaranga aayo orunyara
Ee Hijaputuja, pu tu yatakana yongunya ya Navatua yahokuru Tjiriamajova

Tjipombo
Oya Tjipombo tjozosewa za Mbonḑi za Usarasengo
Ozengi monganda kondema komberipa ya Nangombe
Oya Tat' omuhimb' omuingona ngwa tarere ombura
Ombura ya Tjitonge ya Korutjeno amai roko
A tja: Muhuka maze tjindi nu omuzandu a pepe, Mbeujeka ka honini

Oruzo rwOhorongo

Ozonganda	Hambira
Haruhere
Hindjou
Hongonekua
Jaua
Kaahepa
Kaengombe (Otjirera)
Kaihiva
Kaiko
Kamaze
Kambanga (Otjirera)
Kamutuezu
Kamuvete
Kandenge
Kandirikirira (Otjirera)
Kandivi
Kandjo
Kandjou
Kangumine
Kapika
Katjingisiua
Katjiruru
Katjiutua
Katjivikua
Katusuva
Katuuo
Kauheva
Kauhonina
Kaukuata
Kavandara
Kavetu
Kavikunua
Kazongari
Ketjimambo
Koruhama
Koundjiri
Maekopo
Maharero

Mauano
Mbaeva
Mburura
Mooṯu
Mujoro
Mumbuu
Muniombara
Mupahua
Muriambihu
Musirika
Mutirua
Muukua (Kamuukua)
Muvangua
Namua
Ndjai
Nḏuvatie
Ngahahe
Pujatura
Puriza
Rapuika
Rupingena
Semba
Tjamuaha
Tjatindi
Tjauana
Tjikuto
Tjipangandjara
Tjiposa
Tjirongo
Tjitemisa
Tjombumbi
Tjonḏu
Tuahuku
Vekooka
Zemburuka

Ozondjupa Tjisekiro (oyoruzo)
Mahuno (oyoruzo)
Nauzera
Nawanga

                    Nautoṋi
                    Ruuma
                    Kahengwa

Ondwezu   Ombambi
                    Ongange
                    Eo
                    Onḓorovambi

Ovizerika   Kave tumbu ongombe ohungu
                    Kave tumbu onḓu ohungu
                    Kave tumbu ongombo ohungu
                    Kave tumbu onḓu onweya
                    Kave tumbu ongombo onweya

Okuhuhurasana Ondanga
                    Omuko
                    Otjitjindwa
                    Ongokavero
                    Ongwatjiya
                    Okanene
                    Onḓonḓere
                    Otjihavirya

Omuṱanḓu   ***Hambira***
                    Ovanatje va Kahambira ya Mukaatjipepa
                    Yenga ndi ha umbw' ondende kOmambonde
                    Ovanatje va Karo ka Hengombe
                    Ovanatje va Mutondua na Ndiriva
                    Mbaave hungire novipuka vyokuti tjimun'
                    ovipuka mbi zuva
                    Hambira aa tja: Ngava viruka Hambira ma
                    kapitire po

                    Haruhere, Rapuika
                    Ovanatje va Haruhere voviry' oviwa
                    Mbi riwa nongambwi notjiyangapara
                    Na Kuti na rire ku Kombango, kombazu
                    yooVatje na Ndjoura

Indji ya Kasupi ka Vatje, ovanatje va Tjatindi va Tjouṯuku
Ondwa yOvambo mba zire kokure kOkamuriro kondjombo ya Mukaaruṯiṯi
Ondwa yovaenda mbe ekukond' etemb' ozonguta zomikova
Oyovanatje va Vitore imba mba yenda nongombe yovanatje va Haruhere,
Indji yooTjonḏ'oruuma indji ndji ha makerwa ovatwa kokuwoko
Koṉa ku ya rarere komunda ku mai vingururirwa
Ondwa yorutjindo ndwaaru tja: Hinga Kaurukourenga kondjombo ya Mukaaruṯiṯi
Ingwi owozongak' ozonene
Ayoo ku nomundu ngu kwatwa nozongak' ozonene
Ondwa yorutjindo rwa Tjaitjai, orutjindo romuyeve
Orutjindo rozombwa nozongombo ndwa enda nongombe Tjikata
Oveni tji mave tjaere ndji mave tja Tjikata ngombe mo yata ozondana

Hindjou, Namua
Onganda ya Hindjou wa Namua
Ovanatje vondwezu ya Katekere
Youwoko nu ndji hi na urama

Hongonekua
Oya Kauru ka Mbazembi kozonduwombe za Tjanḏero
Oya Hijatjisuko (Hijakatjisuko) wongwe yanaa Tjapiti ondarazu
Ndja ṯukirwe nomaihi wongombe ekuryoma
Indji Kasire yooMukaatjitjeja

Jaua
Oya Mazuko yohambo ya Vakuru
Kutema ya Tembo yomukore

Oya Katjotokavi ku ka zunḓ' onyama yomev'
okumakera
Oyondwezu indji eo ndji mai twere amai
nyanda

Kaihiva, Kahinuka
Ovanatje va Tjivahe tja Kapika ya Mbuarundu
ya Henḓa
Ovanatje va Kangueja ka Tjiuoronḓo ya Hange
yotjipango
Ovondwezu ya Mukumangu' osupi ndji ṱa
poviṋa vivari
Oombumba nondangarona
Ovanatje vonḓuno ya Kaembimbi Ruuma
Ovomuti omumborombonga ombura muya i
rorer' ozondjeno

Kaiko
Oya Kaiko ka Ketanga
Ovanatje va Tjomeva tja Mujarure ya Kanjandi
Oya Tjonḓu

Kamaze, Kaukuata, Tjitemisa
Oya Mukaakongoro ya Toromb' orungwini ndji
ha kwata
Oya Kaukuata kongombe ya Mazumo, ombw'
ombenyenye
Ondwa yovand' otupekepeke vokati komuriro
motjinyo
Oya Tjitemisa tja Nanguze ya Uandana

Kamutuezu
Ovanatje va Hijakongoto yoruuwa yanaa Tjeṋe
Ovasya vambe he yere
Mba sewa ketemba rovanatje va Tjitumba tja
Ngondera
Nomuhepundu wovanatje va Ngondera
Onganda ya za kokure kovihama vya Kaoko

Kamuvete, Ketjimambo, Tuahuku, Puriza
Ondwa yozongombe zooTjituerangama na
Kaundja
OzooHuru na Mungava
OzooNgaveṱe na Maendo
Ondwa yozongombe ozonḓenḓ' omaovinḓe
Omaovinḓe otjondwezu ya Museuapo wa
Ngango
Ku za za u na tjo, kaku zu tja heza
Za zire kokarundu ka Mbeti ka Kahamujemua
Ku ke ri peke oongungayou
Oyozongomb' omaovinḓe, ovivambi
vyozondunge
Aaze vaz' omupoṱu aze yeta
Omunameho aze mu esa

Kandenge
Onganda yovanatje va Mbinge
Mbinge ngwa ruka Tjiueza

Kandivi
Oya Kandivi ka Matundu
Ehipa nu ngu he ri eyova
Oya komuvya wozonganda nu mbu hi na
kanino
Oya Katjotokavi

Kandjo
Ovanatje vanaa Muvi muzorondu
vozongominya za Katjisemo
Nḓe kamunika rumwe kozondjeno zombura tji
ya tjene
Ovanatje va Hijakevau

Kandjou, Tjikuto
Oya Tjiramanga wa Maziro
Ovanatje va Hijakonḓuno yomuw' ekondo
Ondwa ya Mukaaseua
Oya Hijatjimbi tjongombe ya Nekomba

Onganda yovanatje va Mukaandjambi
Ondwa ya Tjikuto tja Kandjou

Kapika
Oya Kapika ka Hamanganda
Na Ndjiva ya Nguruue ya Tjiṯongovera
Indji ndja ri na Kahengombe
Ingwi otjimosengo mangondo ngu ri otj' owa
Ngova ya Tjiundumu
Na ingwi otjimosengo ngwa kwatw' ombura
ndja ṯondjou ya Mongua
Ondwa yovanatje ovengi mba ri na
Hijamusiona wa Ngombe
Ngwa ri ohonga yovanatje vainyangu Nḓikiza
Imba mba ri nomuzandu wa Ngando ya Karuku
Mupaha kunwa norutuwo
Ozongombe aza umbir' ohekwa ya Hijatjohere
Oya Kapika ka Tjiuo tja Nihova
Na Mururu ya Ndjiva ya Tjiṯongovera
Oowongero ya Kapika ka Tjiuo
Eyuva rimwe mbe ya ponganda yomundu
omuwa ama pose
Ama isa komina vya Mbungu
Tji va vaza Muua ama pose
Ave tja: Ozongombe kahorekeye koyOmuambo
Ku ku horekwa ozongombe

Katjingisua
Ovanatje va Tjiurunga tjombah' ombi osupi
ndji riwa neraka
Ondjimba ya Kazeripi yovanatje va Tjiurunga
tjombah' ombi

Katjiruru
Oya Mutindi ya Tjozomboket' otjowa Kaṯire
Ondwa yomuvand' omusupi otjowohambo
Ondwa yozongombe ozombambi zotuyera
kovinyo

Katjiutua
Ovanatje va Mbimbo ya Tjeruka
Onganga wa Katjotokavi
Nguya panga nomeva
Nguya ha panga nomiti

Katjivikua
Ondwa ya Mbunga yomukwahere
Ngwa rondere ondjupa ya Tjimune tja Muhona
Oya Rukuma rwa Kahorongo na Rukuma rwa Kandjou
Onavita ya Tjizu na navita ya Tjijendo
Ondwa yaingwi ngu ri kotuṉa twomeva
Tu tu ri kongombe ya Mukaaromure

Katusuva
Ovanatje va Hijangeze Kaundja wa Mukaandjendjeuru
Ovanatje va Kuvare va Karambua vomuserandu Kandimba
Ngu tja me ku tono, ngu ha tja matu ru

Katuuo
Onganda ya Katuuo ka Horongo
Oya Nganda yerindi, Mauano ya Tjomukoto
Oya Katjotokavi
Ovanatje va hayee haam' omambo kaye ri kove
Ovanatje va Mukaatjinganga

Kauheva
Oya Kandjeo ka Ndjevatui
Oya Kauru
Oya Mbandaze wa Tjouṯuku
Oya Kasupi ka Vatje
Oyozongomb' omaovinḓ' otjondwezu ya Museuapo wa Ngango
Oyozongombe zondwaandwaa kotjunda tjozondana
Zovipar' ovikukutu tjinga aza ṯokuhungama neyuva

OzooHuru na Mungava
OzooNgaveṱe na Maendo
OzooTjituerangama na Kaundja
OzooTjiuti tjomunambanakuma

Kauhonina
Oya Kauhonina wa Nguaepe
Ovanatje va Tjonga vondjona ya Karirongano,
Ombanḓe ngwa ri pouari wongombe nowomundu
Ovanatje va Kahango kotjitandi nguya pundu ozongombe
Poyoukwe poṋa pa rara
Oya Uarukujaṋi womukut' ozongava
Oya Putuaota ngu ri kErongo ra Mbambi

Kavandara
Ovanatje va Piriko ya Munee vondjimb' onguru
Ndji ha tur' ozondjimb' ozongwao aze tura

Kavetu, Tjonḓu, Kutuṱa, Mburura
Oya Katjotokavi ku ka zunḓ' onyama yomev' okumakera
Ai kamakerwa i yovakazendu
Oya Tjonḓu tja Rukero
Oya Kaiko
Oya Ruuma
Ondwa i yanenwa movakwenambura
Ovasuko va Temba va Mukaahengombe

Kazongari
Oya Kanao ka Tjomurunga
Oya Hijakandamba yongombe ya Mukore
Oyozongombe za Kazu ka Tjambi oviyarera

Koruhama
Onganda yomuatje wa Tjokauru
Ombara ngwa kwatw' Ovatjimba ave ha karya
Ave ha kanikor' ovikonga

Maekopo
Oya Tjambera ya Murumba
Ndji ha tumb' ozongomb' ozohungu

Mauano
Oya Hijambenotjira yondana ya Mukumbua
Moya Koupaze wondimba ya Kambe
Ondwa yozongomb' ozondendu
Nda za muno momukazendu wa Kovikango
Ingwi ina ya Kambaamondjo
Okati kovitonakambura kaake isa ko ozombwa kozongwe

Mbaeva
Onganda ya Kamaraka ka Ndjundo wa Hureva
Ya Tjihange tja ongava
Oya Ngavete na Maendo
Tjituerangama na Kaundja
Oya Ndjendjengua ya Kanjose
OyooHuru na Mungava
Ondwa yozongomb' ozombambi zotuyera

Mootu
Oya Kakuta kondjima ndja yandj' eke narir' okuningira
Oya Hauta wa Kaevaeve
Oyovanatje va Mbinge, Mbinge ngwa ruka Tjiueza

Mujoro
Oya Hijatjirirua wozonduwombe za Kameho
Oya Hijakondu, ondu ya Mukundua ndji ha ri na kaave
Onganda ya Mujoro wa Kapanda wosengo yondwezu ya Muheke
Muheke wa Kaira ka Tjombumbi
Oya Hijakatjirumat' otjiruwo tjomangongwa
Tji ya rumata orondu tji ya tokwa

Mumbuu
Ongand' onene yozohambo za Kutema
Opoya Rupupa rwa Komingondo ya Vakuru
Omoya Kauarakaṋa ya Mukaandjondjo
Ohoni yomikova nu ndji hi nozombondo
Omongara yohongwe ndji nga ai yar' omazumo pehi
Opoya Katjotokavi ku ka zunḓ' onyama yomev' okumakera
Amu teng' ovakazendu ooKorukonde ava kurama
Omatwi nge zuva nge ri kotjiuru

Muniombara, Tjonḓu tjomuhuhavandu
Oya Hijaumba ndja utwa mOtjijandjasemo
Mongwa ya Hijatuarire
Mongwa ya Nguhaurumine
Ozongombe aza tenge poyoumba nomivya
Ndji hi na umba nozongombe

Mupahua
Onganda ya Mupahua yovare vozombore

Muriambihu
Onganda ya Mutombua yongombe Rurongo
Oya Hijatin' orukoze ndu ningot' ozongombe
Ovanatje va Hijakarindi
Voutengarindi mbu tenga okutemuna nau kasenina nombav' onḓeu

Musirika, Kaahepa, Koundjiri, Muukua (Kamuukua), Tjauana, Zemburuka
Ovanatje va Kambeja wa Musirika
Musirika wa Mbemba ya Jaija wa Mukaaketanga
Ovanatje va Hijanandjambi vongombe ya Katuriku' ohaka
Musirika ngu ri kOtjimuti tjozondeo nozongwiny' ovitau

Mutirua
Oya Mutirua wombamba ya Tjitombo
Okuṱa kondjim' ondwezu ku ku yandj' omake.

Muvangua
Oya Rukuma rwa Kahorongo
Na Rukuma rwa Kandjou

Ndjai
Oya Ndjai, Ndjai wa Nḓorozu
Ondwa yovasuk' omarunga
Mbe vak' oviṋa vyovazandu mbe rara pu vo

Nḓuvatie
Onganda ya Nḓuvatie ya Mutombua wa
Tjozongoro ya Musirika

Ngahahe
Onganda ya Tjiparuro tja Mukazangotue wa
Kanjamiti ongwatjivi

***Kangumiṋe, Kaposambo, Kavikunua,
Maharero, Mbunga, Mutjise, Pujatura,
Tjamuaha, Tjirue, Tjombumbi (Otjikatjamuaha)***
Onganda ya Kau wozosemo nḓe ri Mukuahungu
ya Ngandja
Ondwa ya Mbunga yomukwahere woya
Kapumba komaer' omaruru
Okakwaher' okaṱiṱi kaake tuwa porupyu orupyu
aru he ura
Ovakwaher' ovanene e ri pu ve ri ooKambiriko
koouvahe
Ovahona vozonḓ' ovakoto vozondovazu
ooHijambimbo ya Mukaangandja
Oonaa Tjipi Tjikana yonḓera ya Kapu ndji pos'
ooruuwa rwomundu kozongombe
Oohokuru Tjindimainja wohambo ya
Katuzemba
Ovakazendu mbuyave kupu Mbuere woruuwa
ndwaaru nozohanda

Ozonguti aze karareka, imba ooina ya Kapika
Okatjik' oomueze, okazunḓa zongombe
OyooNavita ya Tjizu na Navita ya Tjijendo
OoRukuma rwa Kahorongo na Rukuma rwa Kandjou
Oya Tjirue wa Mutjise wa Mbunga wa Tjituka wa Vatje wa Kengeza
Oya Tjamuaha wehoro ra Ngur' orutemba
Nda ri nondjavarere owa ndi ri pondwa na ndi ri pondjimba
Oya Maharero wotjipuna tja Hengari
Otjiw' otjikangero tjopokati komarama
Ayoo kape novipun' ovikwao mbi kanga
Ondwa ondwezu maamu rarer' omuatj' omuingona wa Katare
Okozongoro ozondarazu
Ingwi ngwa ri porupuka rwa Musarakuumba
Ingwi tja virikiza pOzombovire ngwa tja: Tjiri me zirwa pi wa Inaaruzo
Ra huurwa me i kOtjauana nai omundu auhe mu ihe mu ina
Ingwi orupangu rwomavar' omengi owa nga ri pongombe
Ingwi ngwa pata ekori konya yamunda mbwina
A kavire a kamunik' oseng' omurondo owondjembo
Ozombaze pehuri aze kamunik' otjovanatje va Mbazozera wa Tjiveze
Pokati komavango a kamunik' otja ina ya Tjimaezepa
Wondana ya Mahi erungurungu ndji ha taurir' ongomb' oina
Omburu mozomburu, ombombo mozombombo
Ondwa ndji maamu rarer' omuatj' omuingona
Ngu ma tja: Kaupenda nyee, kaungundi woo
Ondwa ondwezu o teza uri o i vaza nu o zeye po ondwezu
Okakaze owa ndji kwat' ozonganda
Okarume owa ndji rond' ozonganda

Indji yovandu vozosengo omirondo
otjozondjembo
Ondwa ya Kasupi ka Vatje yomuvand' omusupi
otjowohambo
Ondwa yozongomb' omaoramberov' otjondwezu
ya Museuapo wa Ngango

Kanḓirikirira, Kaengombe, Kambanga (Otjirera)
Okoya Kandjambi yondatwa
Oya Kamata ka Hengari
Ya Tjizukua tja Ngore
Omapenda mba tjirwa pombawe ya Kamarama
Oya Kanḓirikirira ka Tjirera tjomurukwa na ina

Rupingena
Oya Muaiṋe
Oya Kahapa wa Kozongombe
Oya Kamanjamu
Oya Tjijandjakumana
OyOuzemba

Semba
Oyovanatje vaimba mba endere menyenyo
Ave kondis' ozongomb' orutenda
Onganda yoviwerawer' otjoviṋa vyopehuri
Ondwa yetundu rongombe ya Tjonḓu ruuma

Tjatindi
Onganda yainaa Kotjimbara tja Inaandundu
Seraue
Onganda ya Tjozombuaketa
Ndja ri pozombwa za tate Katjizu

Tjipangandjara
Oya Tjipangandjara wa Kahendjira
Oya Tjitumba
Oya Ngondera
Onganda yovanatje va Tjiveri
Yanaa Nameva woruvaro wozondjise mondjaṱu

Tjiposa
Ovanatje va Tjiposa tja Ngangambi
Na Rumbango ya Katumbangombe
Oya Tjiposa tja Ngangambi, Tjitumba
Tjaomumbaru
Ondwa yozongomb' ozombambi
Nḓe hakw' omivero, ozonene movirama
Ondwa yozongomb' ozonḓorovambi zorumbo
kominạ
Tji za sekama, tji matu kakwirira
Tu tja: Tat'ove Tjitumb' omuvi
Omuvi nomuingona
Ngwa munikw' ozondjima za Muhiva
Aze tika, aze yaruka mokuyora
Ozondjima nḓa himis' ovandu
Kutja za yor' ouvi
Poo za yor' ouingona
Tat'ove koutjamakoro wet' ouwa
Tat'ove koheuva ndjaai pi okuwoko
Ongombe-ronḓu ai pi okurama
Tat'ove komapa wazo tji maze ya mokuhakaena
Ooya Tjikango noya Kaomberere

Tjirongo
Onganda ya Tjirongo tja Hembe
tjomuvangarutjindo

Vekooka
Oya Tjikongora tjomuvinḓe tji tja hiw'
otjikwanịmi
Muhuka ngwa penduk' otjokatwa ka Tjivi ka
Tjizumaue

Oruzo rwOkanene

Ozonganda
Embandi
Hoke
Horongo
Hukununa
Kambatuku
Kamumbaru
Kanangure
Kangumbati
Kapazu
Karamata
Kasuto
Kasuvire
Katamunua
Katjindo
Katjiua
Katuamba
Kazapundua
Kazondanga
Kehitjiua
Kokure
Kozongombe
Kukuri (ee Kamaisa)
Kuteeue
Mangani
Mbambakame
Mbetjiura
Muatjipinge
Muramba
Ndimbarukua
Ndorozu
Ndukireepo
Ruharorua
Tjihozu
Tjiraura
Tjiseua
Tjitaura
Tjivasera
Tjombeka

                  Tjonguze
                  Tjoutji
                  Tuanjona
                  Uazengisa

Ozondjupa   Kanga
                  Tjipanga

Ondwezu   Ombawe
                  Ombotozu

Ovizerika   Kave tumbu ongombe ondumbu
                  Kave tumbu onḓu ondovazu

Okuhuhurasana Ongweyuva
                  Ondjiva
                  Omusema

Omiṱanḓu   **Horongo**
                  Onganda yovanatje va Hijakonjange
                  Ombwa ndja kapwisa ozongombe omiongo

                  Hukununa, Tjihozu tja Katando
                  Ovanatje va Tjinangua
                  Ovanatje va Hijamauano
                  Ovanatje va Hukununa wa Tjihozu
                  Tjihozu wa Katando ka Hoke
                  Oya Nanḓu ya Mukuauti
                  Oya Kaira ka Nḓorozu

                  Karamata
                  Oya Tjinḓu tja Mberimema
                  Ovanatje va Ramata konḓu ya Tjipore va
                  Mukaambinḓombi

                  Katuamba
                  Oya Katuamba wa Katoore ka Tjemba ya Katua
                  ka Tjerimba
                  Ondwa yOmbandi ya Katjijao

Ovanatje va Hijakovikurukaze mbaave tjirwa
amave ṯenḏuna otjipo
Nu ngurova ave kasora okunikora

Muramba
Onganda yovanatje va Hijateta mbe ze mana,
Omuti omongorwa mbwa tja u rira otjizumba
Ondwa yozongombe ozohaka zomirumbirwa
komitjira otjovazandu
Ava ire kotjirongo tjooma,
Omakondo otjoviṉa vyopehuri

*Embandi, Hoke, Kambatuku, Kamumbaru,
Kanangure, Kangumbati , Kapazu, Kasuto,
Kasuvire, Katamunua, Katjindo, Katjiua,
Kazapundua, Kazondanga, Kehitjiua,
Kokure, Kozongombe, Kukuri (Kamaisa),
Kuteeue, Mangaṉi, Mbambakame, Mbetjiura,
Muatjipinge, Ndimbarukua, Nḏorozu,
Ndukireepo, Ruharorua, Tjiraura, Tjiseua,
Tjitaura, Tjivasera, Tjombeka, Tjonguze,
Tjoutji, Tuanjona (Ombandi)*
Ombandi oya Katjijao wa Hendjira
Oya Hijandjombo yondjombo ya Kaumbi ka
Mukaakondimba
Ondjombo ndja tura nawa ayoo kandjombo
yozondjona
Oya Hijakanamava wotuṉa twozonganya tu tu
hi na zosara
Onganda yomuumb' omuwa, Tjiraura wongoro
ya Mukukutu
Huambi a rire kozondimba
Ngu ma tja: Ndji pewey' ozombuku mbi ri
homeke
Tat' omuserandu ngu ha ri nehambano
Ondwa ya Kangumbati wa Kozongombe za
Rumbi rwa Kanene
Ka Tjipanga tja Kanga ka Tjoutji tja Kasuvire ka
Muatjipinge

Ondwa i yan' ovakweyuva vomuṯati wozonḏu za
Muakaheke
Oohokuru kanyama katangara wongombe ya
Muambo
Ndja nyanekwa na rir' orumbembera
Oona Tombo noona ya Matanga
Oohokuru Maituar' ongombe yavo indji ya
Kuzema
Ondwa maamu rarere Katamunua, honini
wOmbandi
Ondwa maamu rarere Kanangure ka Tuanjona
Ondwa maamu rarere Ndukireepo wa Kuteeue
wa Kehitjiua
Kehitjiua ka Ndjuundja ya Tjitaura wa Tjombeka
tja Ruharorua rwa Embandi
Ondwa maamu rarere Kapazu na Kasuto va
Kokure ka Nḏorozu
Nḏorozu wa Ruharorua rwa Embandi
Ondwa maamu rarere Hukununa wa Katjindo
ka Hoke wa Mbetjiura
Omuwa nozongombe nḏe ri ku ye kohimbo
Ayoo ka ku nozongombe nḏe pwa aze ri
komundu
Ondwa maamu rarere Kazondanga wa
Kambatuku ka Tjivasera
Tjivasera woruindjo rwa Tjitambi oruw'
oruherera
Oruhovera noruherero wozonḏu za Tjara tja
Mapene
Nḏa teker' omatumbo aze kaṯaṯera komiho
oozomenye
Ondwa maamu rarere Kazapundua
Ondwa maamu rarere Kasuvire ka Muatjipinge
Ondwa maamu rarere Tjoutji
Ondwa maamu rarere Kukuri wa Tjiraura wa
Tjonguze wa Nḏorozu
Ondwa maamu rarere Katamunua na
Ndimbarukua va Tjiraura wa Tjonguze
Ondwa maamu rarere Katjiua ka Mangan̦i wa
Kamumbaru ka Tjiseua

Tjiseua tja Mbambakame wa Katjindo ka Hoke wa Mbetjiura
Mbetjiura wa Kangumbati wa Kozongombe
Onganda yozongomb' ozombawe zovimband' ovire
Ozohaputarwa ut̯uku aku hi na mueze
Ind̯a ozombw' ozohaka zomirumbirwa momitjira
Otjovanatj' ovazandu mba kahozer' otjirongo tjokomurungu
Ind̯a nd̯en' ongutirwa imwe ena rayo oKandandona (ee Kakuvandara kongutirwa)
Ozongombe ze ri kokure kOngondivi ya Tjumba ku Tjinand̯a ya Tjizu
Kokure kOtjandiha komatundu wounene
Omauru za katwa kOnd̯irongue ya Rukombo
Ohoni ya Katjin̯epo, oheze yotuna ndji rova
Ndji hi na zongoho, ndji ri Kauami ka Hipangua

Uazengisa
Ovanatje votjiuonga

Oruzo rwOkasama

Ozonganda	Tjivasera
Ozondjupa	Kahengwa
Ondwezu	Oserataura
Ovizerika	Kave ri oruverera Kave tumbu ongombe ondumbu
Okuhuhurasana	Omakoti Ovikoti-nguatjindu
Omuṱanḓu	*Tjivasera* Tjivasera oworuindjo rwa Tjitambi oruwa oruherera, Oruhovera noruherero Oya Nanḓuruka wa Kahuiko Oya Hijambanda wombanda ombwa ndja ruka Ndoṋi Oya Hijamanga

Oruzo rwOkoto (Ekoto)[2]

Ozonganda   Kaanjuka
Kavihuro
Kazombiaze
Maveoro
Mazeingo
Mbinge
Mieze
Muharukua
Ndunge
Riarua (Rijarua)
Ruhozu
Ruhumba
Thom
Tjirondero
Tjitendero
Tjiumbua
Tjivikua
Tjomuho
Uzera
Virere
Zatjinda

Ozondjupa   Nawanga[3]
Mahuno

Ondwezu   Ondaura

Ovizerika   Kave tumbu onḓu ondovazu
Kave tumbu ongombe ohungu

Okuhuhurasana   Omurekwa
Ombongora
Osembi

---

[2]   Oruzo rwOkoto (Ekoto) rwa pita moruzo rwOngwatjiya.
[3]   Ondjupa ya Nawanga ya Tjeore (Tjaore) / ya me ku nu hi na kukuvaka.

Omiṱanḓu

Kaanjuka
Oya Tjipapi ya Tjivare
Omure woruuku ngu ma horek' ouanga
E ri ngwe u yeta

Kavihuro
Oya Mbinḓa yozongomb' oviwerawere otjoviṋa vyopehuri
Inḓa ozovipara ovikukutu tjinga aza ṱokutara meyuva
Zomayur' omatarazu tjinga aza ṱokuṋuka mondombora

Kazombiaze
Ongand' onene ndji kondorokwa nooma
Ootje ri moukoto na kozohamb' ozondarwa
RooTjituerangama na Kaundja
RooTjijapa wooKarukua na Nangombe
Oya Kazombiaze kongutirwa ya Mauano
Worukotokoro owombwa yombepo
Ngwa yenda mekoro rovanatje va mukaza ngu ku za
Hi na kutjiwa 'Kuzatjike'
Ondwa ya Kazombiaze wa Tjitenda wa Ngombe
Ngombe wa Vihoreka wa Mborooro
Mborooro wa Kapeko wa Mutjijambi
Ondwa yozongomb' ozonḓorotaura tje ri moukoto
Ozoserataura kozohamb' ozondarwa

Maveoro
Oya Muira wa Nangoro

Mazeingo
Oya Tjikuere tja Mupoṱu wa Tjara

Mbinge
Oya Mbinge yomutuva
Oya Mbinge yomukororo wa Njambari omutuva wanya Tjipombo

Oya Hijakazehembe, maze uru
Tji za sekama, tji matu kakwirira
Tu tja: Tat' ove kozondunda zomitungi
nomihoho nomirenda
Nd̯e ri ongombe ya Tjitaura eun̯i

Mieze
Ovanatje va Rundondi va Katimeke
Vozongomb' ozond̯orotaura

Muharukua
Onganda ya Tjingombemundu
Tjomut̯ena wa Hijanahambo
Na Kambumba komut̯ena wa Hijaut̯apuan̯i
Ya Ndjere yorutjindo, Ndjere yorutjindo
motjinyo
Ondwa yozongomb' ozombambitaura za
Mbaonger' omatanga
Momue wa Tazuma otjiwongo
Zombanda ndji ha wondwa komukazendu

Ndunge
Oya Ndunge ya Kavena ka Mbaatapuike

Ruhozu
Ovanatje va Ruhozu va Kokure va
Tjipangandjara
Tjaatji pang' ondjara kovasyona
Tji za sekama, tji matu kakwirira
Tu tja: Tjondwezu yet' ondaura
Tat' ove ngwa yamen' ombwa yekura Hambind̯e
Ya Mauano, ombwa ndja rambuka
Ngwaa tja: Kura randje Hambind̯e
Yes' ombwa iry' oviheho[4] vyozongombe
Tji maze t̯u moya Ngombe ya Muhakaona
Tat' ov' omuhimb' omuingona
Ngwa tjindir' otjikori tjozondaura
Pu Mumbambitaura na pu Muserataura
Evere enene ndi taur' omawe

---
4   Oviheho omat̯upa wozongombe.

Ruhumba, Riarua (Rijarua)
Oya Ruhumba rwa Ndungaua
Moya Tjituka wa Nangoro
Ondwezu maamu rarere Ngorojokuti wa Ndungaua
MoyOmutjimba wa Katumise
Moya Ruvapu rwa Tjakutuavi
Mozongomb' ozombotoona zoupumbauru
Ndaaze kandwa i mama Karenga
Aza tura mama Inaambaramangua
E mu kamburire konya motjito tjongomb' onandumbu ya Mbaekua
Ongand' ondwezu maamu rarere Riarua (Rijarua)
Ngwa kwaterwa kOkangono kohona ya Mujenda ya Kati motjinyo
Ngu ma hongora' ongombo kondwa aya vandara
Omuriro kondwa awa kena
Omuhongore iumwe nu ind'ozondand' ozengi
Aku pepera nga rire ndja woto
Aku roko nga rire ndja wama
Nu aku nipara nga rire ndja suva

Thom
Ondwa ya Riarua wohona ya Mujenda
Tji kwa roora nga rire ndja wama
Nu tji kwa pepera nga rire ndja woto
Oya Katjaa ka Tjiveze komuti womakuiya
Mbita yozondu na mbita yozongombe
Oya Kandjiripi kombungu ya Mutjimba

Tjirondero, Tjivikua
Onganda yOnderura
Oya Muira wa Nangoro
Oya Ngotoker' omuparandu
Ngwaa ryanga nondjatu yomakaya kovasyona novahepundu
Oya Tjivikua tjomurivangere

Ngwe rivanger' ovitamba vya Mataura avi hi na maso
Oya Tjirondero tja Uhatjike
Indji ya Veriioveni wa Ndando wa Hikuama
Wozondjira zeyuru nḓe iw' ooNdjambi na Karunga

Tjitendero
Ovanatje va Tjitendero tja Mbeja yomukona

Tjiumbua
Oya Tjiumbua tjouyo omukuta
Oya Hijakarijoro Huambitjirongo ya kozonḓu
Ombuku ndji kuta ai rweya
Wa tat' omusenin' otjizuve tjozondaura
Oyozongomb' ozondaur' otuwova
Ku ku ha zombanda yomuhurakazendu
Oya Hijaviria yozongoṱu nḓe ri mongand' otjipo
Mutenya ku ku rukirw' ovanatje
Oyozondjupa nḓe ha puhwa nokuṋi nokurooro

Tjomuho
Oya Kuhanga kwa Ndondero koya Komakuar' omengi
Nge yere morui naye ha ningi otjiṋa tji ya hunu

Uzera
Ovanatje vanaa Tjirura vongomb' onḓemb' ombimbo ya Mukaakahange
Ovanatje va Kamai worukungwini nge ha yatwa i ndjamba
Ovanatje vanaa muvi muzorondu
Vozongominya za Katjisemo
Nḓe kamunika kotutjeno owombura
Onganda ya zire kombwa yanaa Murumbua ku Mbapaha wa Tjizike

Virere
Oya Kambumba komuposa uṯuku
Ootate mbaave pos' oviṉa vivari ondjimbi nohukuhura
Ondw' ondjenda ndja za kOkarundu ka Mbeti ka Hamujemua
Ku ka umb' ombunda mezeva aayo ongandu
Ondwezu yozondoro omuteny' owa ndja ṯirw' ohamba
Ongwaruuze ndji he ri Ongandjera
Ondwezu ndji mai yana ovakwatjivi vomuhuka nomungambu
Ozombo mbari ookakuze nokaambi

Zatjinda
Onganda ya Hijakomahua wozongwari nozondjendje
Oya Musenina ya Katjindo
Ondwa yozongomb' ozondaura yozondjup' ozonene
Oombe ku nu uriri hi na kukuvaka

Oruzo rwOmakoti

Ozonganda Hambeka
Hangara
Hinu
Jaezuruka
Kaatura
Kaindjee
Kamapunga
Kamberipa
Kamusuvise
Kandingua
Kaputjaza
Karupiu
Katjaimo
Katjiremba
Kaundandi
Kauṋe
Kauta
Kazoṋda
Maija
Mate
Mbatara
Mbingana
Mbinge
Meroro
Mundjindja
Ndjarakaṋa
Ngavonduezu
Ngupahua
Ngurunguṋda
Ngurunjoka
Njembo
Ruiter
Tjaronda
Tjihapa
Tjihenuna
Tjihuro
Tjijenda
Tjikuṋe

                Tjikuzu
                Tjirambi
                Tjitjahuma
                Tjituri
                Tjizoo
                Tjonga
                Veseevete

Ozondjupa   Tjisekiro
                Tjivandeka
                Kahengwa

Ondwezu   Ondumbu
                Ombongora

Ovizerika   Kave ri oruverera
                Kave rivava omaze wondu ondovazu

Okuhuhurasana Karu huhurasana notuzo twarwe

Omitandu   **Hambeka**
                Oya Hauta wa Kaevaeve
                Onganda yozongombe zomarira komeho
                Nde rira monganda amu ha tir' omundu
                Nu tji mwa tomundu aze teme
                Oyozongombe zomaokoro
                Nde ha kaondjoza ngamwa nganda

                Hangara, Tjihenuna
                Onganda yovanatje va Hangar' ombong' otjOmuambo
                Onganda yovanatje va Tjihenuna wohumbyu ya Kaombo
                Onganda yozongombe ndaaze ri omihe
                Ozondu aze kary' omiyoora
                Ondwa yozongombe ndu maze ri kehi razo
                Kokure Tjihenun' omuini ka rara
                Ozondumbu zomariraho
                Nde rira monganda tji mu ha tir' omundu
                Tji mwa tomundu aze teme

Hinu
Omoya Tjikuarungu tja Kaandoto
Kaihe ngwa ry' ondjona ya Hanganga koututa
Na tj' ondjona ya torukoze

Jaezuruka
Onganda yovanatje va Tjitombo wa
Ndjaramena
Mbari wa Kavinde

Kaindjee, Tjonga
Onganda ya Kaindjee oya Muharukua
Oya Hijakondjou, ondjou ya Rukuma
Ndja tokuni nai ngar' okurooro
Oya Tjonga tjozombinda
Oya Hijakovakurukaz' ovandu mbaave tendun' otjipo
Utuku ave kanikora

Kamapunga
Oya Hijakotjimbumba tjozongomb' ozombaranga
Pu pe hi na imwe oyamuapi noyangotonya

Kamberipa
Ovanatje va Hijakokati komuhiva
Ku ka zembwa mongangura
Ovanatje va Hiverere mbi korora uriri
Ovanatje vongomb' ombapa Kamakuva
Ndji mai ri omangura oombo okupweya pehi kongwe ya Kaviramo
Ovanatje va Tjihuurazondu, ozongombe aze ri morui
Ovanatje va Hijauzamundunga wokati komuhiva
Ku ka zembwa mongangura ya Komaue wovitjuma
Ku ke ri Muhao wa Kamb' omuingona.

Kamusuvise, Mundjindja
Kamusuvis' owakongombe ya Mundjindja
Owa Ngeke wa Kasama ya Kondiuo ya Hengua
everi rorutjindo
Ondwa yozongomb' ozondumbu
Nḍu maze riri monganda amu hi ya ṯomundu
Tji mwa ṯomundu aze teme

Kandingua, Katjepaha
Omuatje wa Korupangu rwonyoka
Ndwa kondorok' ovirongo
Omuatje wa Kandingua wongombe ya Kandjou
Onganda i yan' ovakwatjivi
Ovanatje va Katjepaha

Kaputjaza
Ovanatje va Hunguue va Hamukua
Vozongomb' ozondumbu zomarira
Nḍe rira monganda

Karupiu
Ovanatje va Kondiuo ya Hengua everi
rorutjindo
Ondwa yozongombe zondumbu
Nḍe rira monganda amu hi ya ṯa omundu
Tji mwa ṯu omundu aze teme
Aze riyeka novikombo.

Katjaimo
Ovanatje va Tjizepae vongombe ya Sum'
ondendereti
Ndji mai tj' ovirongo avihe mba teza
Pa sew' ooTjonganga na Kaueza

Katjiremba
Ovanatje worutjindo rwooMbuere na Kaeja
Hijakaoronga kozombwa za Ndamanga
Onganda ya Ruzinga ya Tjitana Tjeembutji
Oya Hijakotjitavi tji tja pora Mbimbo a ha ri ko

Kaundandi
Ovanatje va Kahapa va Mukaakozongombe
Mba zire kehi rozondjomb' okurooro
Nokati komahoze kooMukaahika nooKehijao

Kauṉe
Oya Nambaru wa Kondiuo everi rorutjindo
Oya Tjaimba tja Hijakozondume
Oya Kapiringi wa Mukuao
Ngwa ṉuna ngwa ry' ozongombe zavo
ozondumbu zoviwoko

Kauta, Tjaronda
Oyovanatje va Tjiurura wongomb' onḓemba
Onḓemba ya Mukaakahange
Ondwa yozongombe za Tjomb' ouhengwa
Nḓe hi na nḓukwa nu nḓe ha ṱukwa nawa
Ozonḓorozu oza Tjaronda
Ozombahe oza Katjivahe
Ozotuvao oza honini Kauta
Azeh' ouhengwa

Maija
Ovanatje va Tjizu na Tjombe
Ovanatje va Tjikuma na Kondiuo, erumbi
rorutjindo

Mate
Ovanatje va Mukaakauhare
Vombupu ya Nanguze, va Mukaamaendo
Ondwa yozongomb' ozondumbuvambi
Zomuhuinḓazuko wanaa Tamba
Inḓa nḓa kakotorerwe i yotjiruru tjokaruwona
Uanangue

Mbatara
Ya kut' ongombe mOzombahekomuti
Ongombe ya Karukomb' onganga ndja ṱir'
ozonḓura
Ondwa ndja za konganda yOutjake

Ondwa yozongomb' ozonḓoroz' otjoza Kuambe
Kaze riwa pomangoti otjozaina ya Kavekotora
ka Nandimba
Ovand' ovazorondu, ozongor' ozondjeo
otjozaina ya Ujama
Ya kwaterwa komuroro wozonguvi ku Kenana
ya Mukende
Ondwa yozongomb' ozondumbu zomarira
Nḓe rira otjipo tji kwa ṱomundu aze teme
otjozotjirumbu tjomukweyuva
Ondwezu yazo otjirumbu tjombaz' omuhuka
konḓera ya Nanḓa
Ya kakondja ku nondwezu yOmuherero
Ai kaurwa owa ndja rambwa e ri yo ndja ramba

Meroro
Ovanatje va Meroro vomuti womakuiya
Mbu ri ombanda ya Mbirukir' okapera
Oya Meroro ya Tjiveze
OyOzombapa

Mbinge
Oya Hijakonduuombe imwe
Ongungaruwombe ndjaai ri pozonḓenḓu

Ndjarakaṋa, Mbingana, Ngupahua
Ovanatje va Hijakauṋukua vombinḓe ya Kuatji
Womutumb' orukoze mbu hakan' ozongomb'
oviuru
Omundu votjimuti tjomakuiya ngwa tjirwa
povita vya Tjisaona
Pongombe ya Veongara
Indu tji maku zu: Hijakaman' ovandu kavipuka
korutjandja rwa Mazera
Yenda nawa ngaave ku yeka ekwamo ra
Kamuṱuua wombanda ya Nangari
Ovanatje vozongombe' ozondumbu nḓe rira tji
mu ha ṱir' omundu
Tji mwa ṱomundu monganda aze teme

Ngavonduezu
Onganda ya Hauta wa Kaevaeve
OyooVatje na Ndjoura
Ondwa yozongomb' ozondumbu zomarira komeho
Nde rira amu ha ṭir' omundu monganda,
Nu tji mwa ṭomundu aze teme
Inḓa zomaokor' omanene nḓe ha kaondjoza ngamwa nganda

Ngurungunḓa
Ovanatje vana ya Heutji
Ovanatje vana ya Katana
Vetund' ew' okuṋi nokurooro
Ovanatje va Kanamua ya Tjara yeham' endumba ndi yak' omuriro
Vongomb' onguz' ondepe yanaa Koruue
Ndji na imwe ndji nana mozongombe
Onganda ya Ngurungunḓa wa Muahongoze
Oya Katjoto kOmutjimba wa Njake
Ovanatje va Ngurungunḓa wombanda ya Mati ombapa
Ndji ṋuka nawa pokati koomutjira netambo
Ondwa maamu rarere Kaatura[5]
Oyozongomb' ozondumbu zomarira
Nde rira monganda tji mu ha ṭir' omundu
Tji mwa ṭomundu aze teme

Ngurunjoka, Kazonḓa
Oya Ngurunjoka wa Kazonḓa
Ovanatje va Hauta wa Kaevaeve, ya Vatje na Ndjoura
Onganda yozongombe'ozondumbu zomarira
Nde rira monganda amu ha ṭirwe
Tji mwa ṭirwa aze teme

Njembo
Oya Njembo ya Vakuru wa Hauta wa Kaevaeve
Ondwa yotjikutu tjovaenda va Mburo

---
[5] Kaatura ingwi omuatje wa Ngurungunḓa, epaha na Katanga.

Ovozongor' oukambe mbwaau ha ramb' ozombo
Mbwaau ru ovita

Ruiter
Oya Katjaa tja Tjiveze yozongomb' ozondumbu zomahoze
Nḏe rira monganda amu ha ṯir' omundu
Tji mwa ṯomundu aze riyeka novikombo vyazo
Onene yovita vyozongarangomb' oturema
Ozongombe tji za tjindi maze zembi ongowa
Yomukazendu wa Mbasuva metundu
Onganda yovita, tji kwa roora nga rire ndja wama
Nu tji kwa pepera nga rire ndja woto

Tjihapa
Oomoya Hijakomahor' omengi
Owa nga yenda pongombe
Ondwa yozongomb' ozondumbu
Nḏe rira monganda amu hi na nḏiro
Onḏiro tji ye ya aze teme

Tjihenuna, Kaombo, Nguase
Onganda ya Tjihenuna tjohumbyu ya Kaombo
Omuatje wa Kangukozonyanda
Omuhatandavere pokati kovandu
Onganda oya Mutengangombe
Ongombe evara ndi ya ronda na ro
Kokur' onḏorozu, ngai ye popezu i nevar' oya Munietara
Oya Muniotjirongo

Tjihuro
Ovanatje va Tjihuro va Kamuhapo wa Tjiponda
Tjiponda wa Hengua va Tjizu na Tjombe
Vongutirwa ya Nambaru ndjaai ha rasa ovinguma
Ondwa yozongominya za Katjisemo nḏe kamunikwa rumwe kozondjeno

Ind' ozondendu zomarira nde rira monganda
amu ha tirwe
Tji mwa tirwa aze teme aze riyeka novikombo

Tjijenda
Ovanatje va Hijakaunukua vombinde ya Kuatji
Vaind' ozondumbu zomarira
Nde rira monganda amu ha tirwe
Tji mwa tirwa aze teme

Tjikune
Oya Tjikune tja Kuningira
Ovanatje va Kaendjere wa Urumbua,
omuserandu wenga rombe
Oya Tjandimbo tjomukwendjandje

Tjikuzu
Onganda ya Tjikuzu tjOmutjimba
Oya Kambizo
Ovanatje va Hijatjihaka
Ondwa yozongomb' ozondumbu zomarira
Nde rira monganda amu ha tirwe
Tji mwa tirwa aze teme aze riyeka novikombo
Oyaimba vondwez' ondaura
Ndji ha rondo ketambo rangombe ai ri
ongombe

Tjirambi
Oya Tjirambi wa Muundjua
Ondwa yozongomb' ozondumbu
Inda nde rira monganda amu ha tir' omundu
Tji mwa tomundu aze riyeka novikombo vyazo
Tji za sekama, tji matu kakwirira
Tu tja: Tjondwezu yet' ondumbu
Tat'ove komandumba wa Tjiuo
Omandumba wetu nga tond' ozondu
Nu aye suver' ozondana
Ee Hijangautje, nau tji kondjona ya Muhorerua
Ya muzorondu kovingava

Tat'ove kEhama rooNepumba
nooMuamuzemba

Tjitjahuma
Onganda ya Kanduez' ondumbu
Ondwa yozongomb' ozondumbu
Inḓa nḓe rira monganda amu ha ṱir' omundu,
Tji mwa ṱomundu aze teme

Tjituri
Oya Hijatjivinḓu
Tjivinḓurura kombiko ya Nameva

Tjizoo
Oya Tjizoo tja Harangata
Ovanatje vongombe ndja ningirirwe koya
Hijaketemba

Tjonga
Ondwa ya Tjonga tjozombinda, ya Kandjota
kOmutjimba
Ondwa ya Nangombe ya Tjomaihi wa Kavitaura
Ndji yan' ovakwahere
Ovakazendu mbe kupwa moya Karambi
yoningire ya Tjirongo
Ovandu mba kaitavera esena ra Mukaambinge
Ko kOundombo kongwe ya Tjamana
Ovandu mba undja Kanangatie wondwezu ya
Mauano
Ondwa yozongomb' ozondumbu zomarira
Nḓe rira monganda amu ha ṱirwe, tji mwa ṱirwa
aze teme
Ondwa yondwez' okakange ndja katir' onḓer'
etetewe
Ai tj' ombepo kEundo

Veseeveṱe, Katjaerua, Kamuhindja
Oya Zombombo
Oya Tjipora tja Mata ya Tjimune

Tjimune yongwe ya Koruue ya Tjiserandu tja Nganga
Wozongombe zavo inḓa zomarira zotuyera kovinyo
Nḓu maze vak' ovirongo kombanda
Mbeena pu za kondorok' okarundu ketu ka Mbeti
Amaze mungire uri ozongwao aze vandar' okusora
Ovanatje va Hijambatuika
Ovanatje va Hijamara, womar' omawa nga rara Tjova
A rara a ṱungauka ayoo ombunga nombura
Ovanatje wongarangomb' onḓorozu kai kwata
Omuteyaṱupa kau hapa motjunda

Oruzo rwOmangarangwa[6]

Ozonganda Kaumbungu
Mupia
Mukende
Tjauiramo
Kovizepe
Tjeundo
Tjindjumba

Ozondjupa Tjipanga (oyoruzo)
Tjisekiro (oyoruzo)

Ondwezu Ombonde
Ongonga

Ovizerika Kave ri onḓu ondovazu
Kave koro ombwa onḓenḓu
Kave ṱunu kokapi
Kave pirike
Kave tono ombimbi nondoro monganda
Kave yata momutwe
Kave tumbu okakambe okazenḓu
Kave hakaene nongava

Okuhuhurasana Ongweyuva
Osembi

Omiṱanḓu *Kaumbungu*
Oya Kaumbungu ka Muniomunjandi
Tat' omuhimba wohoṋi worupera mezumo
Ngwa ire kErung' ozongombe aze nyamu
Ave tja: Omuhimba wa pi omuwa?

Mupia, Kovizepe, Mukende, Tjauiramo
Oya Hijatjomazeva yomukururume
Wozonḓi ngu he na zondjezu
Ondwa ndja za kehi romiṱa nomipambo
Oya Mupia wa Mukende

---

[6] Oruzo ropopezu noruzo rOngweyuva.

Tjindjumba wa Kovirese, tate ngwa ire
kozongaku zeyuva
Ku Tjitara wa Nangoro komiira
Ondwa yozongomb' ozongonga
Zomavara komband' omatamb' otjozondema
zozohere
Ozongong' ovihaondjoza ngamwa nganda
Nḏe tir' okutukanw' omatuka

Tjeundo
Oya Tjeundo tja Mbondi ya Konde

Tjindjumba
Onganda ya Tjindjumba tja Kovirese
Oyatat' omuhon' ozonḏ' ozombonde
Oyokanatje ka Kariau' okazorondu kozondjora
mokuumbwa
Ku make yor' ovita avya wis' omarenga
Avya rambwa avya tupuka
Ovita avi nomundu Korurova ku ka za
kozondundu
Inḏ' ozombapa kombanda, ozonḏorozu
moukoto
Kozohungu zovitjotjo novikori indu tja enda
nongombe yao
Okakongo koupupo kozonya
Ndja kondis' omuti wa Ndoni̱
Omuhuka e ekurarisa pondjerera ya Mbinge
Pu va tjirwa nomuzand' omukwao
Wonganda ya Mazuko wohambo ya Kutema

Oruzo rwOmbongora

Ozonganda
Hangue
Hepute
Hijatjiua
Kamarenga
Kapia
Karipose
Kauari
Kaundje
Kavita
Kazondunge
Maendo
Mbaisa
Mbomboro
Muatjetjeja
Muzuma
Rukata
Tjahere
Tjavazamba
Tjindjo
Tjingaeṱe
Tjipepa
Tjipuravandu
Uandara

Ozondjupa
Nawanga
Kahengwa
Umbamba

Ondwezu
Ombongora
Ondimba
Ondumbu

Ovizerika
Kave tumbu ongombe ongonga
Kave tumbu ongombe ekondo
Kave tumbu onḓu ekondo
Kave tumbu ongombe ongombe

Okuhuhurasana Ondanga
Ongwatjiya

Omuṱanḓu   **Hepute**
Oya Hepute ya Mbambi ya Tjivinda
Tjomukweyuva woya pera ya Muakaamba
Na Tjindumbu tja kaina, ekunde oombamba
Omuatje wozongombe zetu ozombiriwona
zomatako ovimbondo
Nḏe kandwa aza rambuka
Zoukoti ouṱiṱi nḓe katuka, nde ha vete
Ozongombe zomuhon' otjimbi nguya ha riri ovandu
Ozongombe a manena kokuwondjoza
Oya Tjikundi tja Kahendjira
Oya tate Tjikundi owa ngu ri mekundi
Na tate Kahendjira owa ngu ri mondjira
Tji za sekama, tji matu kakwirira
Tu tja: Tat' ove konguze ndja kuzuka otjiuru
Owa ndji hupura ozondjombo
Tat' ove kozombaramwa zomiya ozohitwa zokuvare
Nḏe ri onḏera ondumbu yana ya Karung' onyama
Tat' ove komiharuveya vya Tjipango omingondo
Tat' ove komit' omukona mbwa ruruparer' ozonḏu zetu osunda
Au kap' ongandu ndji rara mezeva ya Tjikosi
Tat' ove komakungwa wa Tjapera nga tauka nu nga ser' oveni ozongungo
Tat' ove komuwa woutuhoro nu woututemba
Mbwa wisir' eho ra Nawanga ya Kahuiko mondjombo
Tat' ove komaungutundu komatundu
Matu hungir' ozongombe zomawe wa Tjirambuza
Omawe wovipuka nu nge hi na tjirweza
Nga zik' omukazendu wa Ngambue ya Kaoko
Omawe wa Ndembere ya Tjiserandu omazikwa

Tat' ove komanḓumba wa Tjiuo, omarombora wahokuru Nauzemba
Omanḓumba nga tond' ozonḓu, ae kasuver' ozondana

Hijatjiua
OyOmbongora ya Tjijandjomaihi
Ndji kand' omaser' ozongwao
Aze kand' omurongo

Kamarenga
Onganda ya Kamarenga ya Kondaura
Okurambwa kovirur' ovitaambe
Oyovarumend' ovakwendata va Kandjendje ka Kahatjiti

Karipose
Onganda ya Karipose ka Tjimanamuinjo
Wozonduwombe za Kameho
Ovanatje va Mukaatjurura
Vongomb' onḓemb' ombimbo ya Mukaakahange
Ovanatje vozongomb' ouhengwa nḓe ha ṱukwa
Ovanatje va Kamukuiju wa Tjombe wa Ngunga wa Tjovivare

Kauari
Oya Kauari ka Ruhapo
OyOmbongora ya Hangue ya Muatjetjeja
Oya Kavita ka Hangue, everi rOmbongora
Oyovita vya Kandjira koviyombo
Monḓu ya Nambunga ya Tjikeket' ohona yozonḓu
Oyozongomb' ozombongora
Inḓa zomavara kozosengo
Oza Tjijandjomaihi, ing' omaze a rir' ovitendekera

Kaundje
Ovanatje va Tjeharire
Ihe ngwa yamen' oviruru mozombwa za
Karitjita

Kavita, Hangue
Ovanatje va Kavita ka Hangue ka Muatjetjeja
Everi rOmbongora
Ovanatje womuwa ingwi Tjitjo tja Kambindja
Omuwa wozongora mozombati
Omuwa wekwamo rozosara
Ovambo va Naiso, ave ha zire kOnaiso
Mba enda pu na Noure wongwe ya Vikoro tate
wOmbongora
Oyovita vya Kandjira koviyombo
Mondu ya Nambunga ya Tjikeket' ohona
yozondu
Ondwa yozongomb' ozombongora inda
zomavara kozosengo
Oza Tjijandjomaihi, ing' omaze a rir'
ovitendekera

Maendo[7]
Ovanatje va Hijauetupanda
vooMukaamuakatoma
Ovanatje va Hijauetujera

Mbaisa
Ovanatje va Mbaisa ya Tjikuma
Ovanatje va Hijakanue vozondjir' ozombw'
ozombozu
Ovanatje va Tjisongo voonaa Maze

Muatjetjeja, Kazondunge, Tjavazamba, Uandara
Oya Kambaritj' omupot' onongo woya inaa
Ruvirizikiza
Ngwaa pambah' ehozu nozombaze
Mba yenda morutjindo rwozombw' ozondumbu

---

[7] Maendo indji oyoruzo rwOmbongora pu na Kasaona.

OoTjiurutjambungu na Ndamberakuria ya inaa
Rukurame
Ovare vovitambo mbe hi na vizumo
Mbe rikander' ozoṇdi aza or' oviuru
Mba yenda pongomb' okao
Ai hungirw' Ovatjawana ave tja: Ze ya
Tji ze ha eter' ovit' okutja za et' ohange

Muzuma
Ondwa yovanatje va Tjipepa
Oya Tjimanangombe ya Kapepa
Ngu yenda ama ri ozoṇinga morutjindo
E ri ngu nozongomb' otuwondja
Oyomukandamasere
Oya Tjiruuo tja Tjozoṇinga
Ngu ma ende ama ri ozoṇinga
Mondambo yorutjindo rwa Mutate
Ovanatje va Kamukuiju wa Tjombe wa Ngunga
wa Tjovivare
Ovanatje va Tjombe tja Hijakorunga
Ovanatje va Kakori, vokoya Mbongora

Rukata
Oomoya Hangue meveri rOmbongora
Ovanatje va Tjitokotora tja Kombungu
Oongu ma pata na ngu ma korora
Ngu ma tir' ousemba nourovazu
Oyozongomb' ozosaona zourenga kozondama
Nḑe nyong' otjomukazend' omuvarekwa

Tjahere
Oya Tjitendero tja Mbeja ya Kautuke
Ngu ma utuk' owondjendje kongoze

Tjindjo
Ovanatje va zondanda zovita

Tjingaeṭe
Onganda ya Kavari kaengombe

Mba rambuk' ozongombe koyao aza kwata

Tjipepa, Kapia
Oya Tjipepa wongwe ya Kazandu
Oya Hijaketemba rooMungumbi Tjiuangombe
Na Uzuwo wa Katjomeja
Omat' omawa nga pit' ouanga
Ondwa maamu rarere Kapia ka Tjipepa
Ovanatje va Kamukuiju wa Tjombe wa Ngunga wa Tjovivare
Ovanatje va Tjombe tja Hijakorunga
Ovanatje va Kakori vokoya Mbongora

Tjipuravandu
Oya Tjipoṯopora yombura nombundu
Oya Hijakovazand' ovengi

Oruzo rwOmuhinaruzo[8]

Ozonganda	Hengari
	Hevita
	Jakurama
	Kandovazu
	Kangombe
	Kaongua
	Marenga
	Muhenje
	Mureti
	Ndisiro
	Rutjindo
	Tjakuva
	Tjavara
	Tjaveondja
	Tjihange
	Tjihero
	Tjikuua
	Tjimuhiva
	Virore
Ozondjupa	Tjisekiro
	Nawanga
	Mahuno
	Mutundu
Ondwezu	Ombapa
	Ombawe
Ovizerika	Oura kau riwa ovakazendu
	Onyama yokuwoko kai riw' ovanatje
	Onyama yozombati kai riw' ovanatje
	Onyama yetambo kai riw' ovanatje
Okuhuhurasana	Ongweyuva
	Otjiporo
	Ombongora

---

[8] Oruzo rwOmuhinaruzo rwa pita moruzo rwOngweyuva.

Ohorongo
Okanene

Omuṱanḓu

Hengari
Onganda ya Hengari oya Mbinge
Ya Tjikuru tja Tjovasiona

Jakurama
OyOmuhinaruzo wa Ketjinda tjozongombe
Ovikwerakwer' otjoviṉa vyopehuri
Nḓe rira monganda amu ha ṱir' omundu
Tji mwa ṱ'omundu aze riyeka novikombo

Kandovazu, Hevita, Ndisiro, Virore
Ovanatje va Tjizu Mbimbo ya
Mukaahandangombe
Onganda i yanenwa movakwahere va
Kamunakua
Ovanatje va Heru wongombe ya Kajona
Oya Hevita wa Kandovazu wa Tjivitjao tja
Muatjipore
Oya Ndisiro wa Virore wa Kandovazu wa
Tjivitjao
Ondwa ya Nangombe ya Tjomaihi na
Nangombe ya Kavitaura
Ondwa yozongomb' ozombapa zomavara
komatwi
Nḓu maze hungam' omutumba wangamwa
tjirongo
Ondwa yondwez' okarumbu kotjihonga
Wombwa ya Nauanga yaihe ya Tjirongo
Ondwez' okarumb' okozohura ndji twera amaze
nyanda

Kangombe
Oya Kangombe yozongombe ozombapa
Ovikwerakwer' otjoviṉa vyopehuri
Nḓe rira monganda amu ha ṱir' omundu
Tji mwa ṱomundu aze riyeka novikombo

Ondwa yovanatje va Hengari va Mupererera
Ova Kaurikua komupererera
Oya Kausiona ka Kauravandu
Oya Tjihungu tjomukweyuva wopera ya Muakaamba

Kaongua, Tjakuva, Tjikuua, Tjipura
Ovanatje vondanda ya Hanguvi
Ovanatje va Monga wa Hauanga
Mba za momusuko wa Uariua wa Tjakuva

Marenga
Onganda ya Marenga (Hijandondero) Kaijaṉi
Wohambo ya Katuzemba, hava yamukaza Ndjoura
Onganda yOmuambo wa Kahumba ka Koviti
Ngwa konder' omenye ya Kombango
Omunen' omutwezu ngwa kond' orutjandja ronḓetu
Orunene ndu pos' ombo netwangoma
Omuamb' omuwa ngwe ya poviṉa vivari: ongwavi nomukova
Ondwa i yanenwa movakwatjiti voya Kautu ka Nanḓu ya Ngandja
Onganda ya Kaujombo kouyombo uvari
Mbu ri ongombe ya Ndoṉi ya Tjongotue ya Kaong' ombaranga
Indji ya Kapeṯira kongombe ya Tjasan' ongoto
Onen' ondwezu ya Kakurupa kongutirwa ya Kasupi kondovi
Ngwa hing' ongombe ya Kapendero ka Mbeinj' onḓorozu
Ndjaai kwat' ozondumbu
A hingi nongonda ya Kamakung' ohatanauka
A hingi nomuatje wondjuw' ombanda kOtjiue
Indji ya Tjijerete kondjuwo yainaa Henḓe
Indji ya Sauna kongombe ya Kanjuva
Wozondjehwe ngwa rara kOkatjoruu kongombe ya Ruvio

Omunen' omutwezu ngwa tjirwa ama end'
otjowa Kandinda
A kond' ozongombe zavanaa Tjipere aze
novipiriko
A zemburukwa i yomukazendu wa Kaatunukuje
Ondw' onen' ondwezu ya Kauindja kourundu
wozombapu
Mbu ri ombanda yavanaa Tjiuezira
Ingwi tate Hijautuite wongombe ya Rurongo
rwa Mbute ya Kanamua
Ndji mai korokoh' omaṯup' oombwa nomund'
okangundi
Ondwa yozongomb' ozohakangerwa za Zumona
Zumona ina ya Uarukujan̳i wongwe ya Kan̳ikui
orumbembera
Oveni ndji ve ha toorere ndji va tir' ouzeu ingwi
ina ya Kamuriro
Ondwa yongombe ya Kapendero ka Mbeinj'
ond̳orozu
Ndjaai kwat' ozondumbu
Ohahure kotuuwa, ombutare kotuuwa ya
Kazemba Kamuzerira
Kamuzerir' omunamarama komaryo
Onganda ya Kakurikua komuambo ya
Tuzetuambuku
Ndja enda povin̳a vivari ooKanga na Tjipanga

Muhenje
Ovanatje va Muhenje wa Nguaende
Ova Tjombe tjomutjimba
Ondwa ya Muhenje yatate ya Nangue ya
Muhapia Mukaritjimba
Ngwaa ku zu: Muhenje yatate ya Nangue o
ramba ena routjimba okurukwa
Imba vongombe indj' ond̳end̳u mbuyau tikwa
pondana
Oya Kakomba komuherero, indji yozondomb'
omiruva
Oya Muhenje wa Nguaende yOvatjimba
vozombwin̳i

Mbe umb' omauta mba ri pomukazendu wa
Inaakeero
Ingwi wozonget' otjomurumendu

Mureti
Oya Monga wa Hauanga
Oya Tjihungu tjomukweyuva woya Pera
Oya Mureti wa Kaupangu' ondjara ya Kaoko
Oyomuhona ngwa ry' ond̯' ondema
Onyota ya utw' omukwatjit̯upa wond̯u ya
Kavandja
Oyomuhona ngwa kwaterwa mond̯ond̯u ya
Tjova tjoute tjomutjimba
Oya Hijakerindi rozongonda nda ukw'
Omuambo
Hange ya Katet' ovita vyetu amavi ru
A tja: Kombund' ozombura kari na kuhupurw'
omarindi
Nu ari ha hupurw' omarindi
Oya Mukaakomboro, Komboro ya Seua
Ongand' ondwezu yoonaa Zongungu na
Mbatemua ya Tjombe tjongweyuva
Onene ndji mai paper' otjinguma tjongombe
yourunga
Onene ndji vaka nu ndji ha kondo mondjira e
ri ndja vaka
Ongand' onene ya Kamukururume wozond̯i
Nu ngu hi na zondjezu
Oyozongomb' ozombap' ovikwerakwer' otjovin̯a
vyopehuri
Ozohaputarwa ut̯uku
Ozondwezu za Maharava ya Mukaambaru
Ondwezu ya Hijakombotoona ya Kahaaviria
Ongand' onen' omunguruva mu mwa tjirwa
Tjakema
Tjakema tjongombe ya Mbuti ya Tjiuong'
ondumbu
Ondwezu ndji mai tukan' ovandu vozongoro ku
va ende

Imba ookambwaa Kaunjonjua wongombe ya Tjindumbu

Rutjindo
Oyomuhinaruzo wa Hokuru Katjijandja
Wa Konjungu yainyangu Ndongo
Wa Tjavara tja Mbahijona ngwa kwatwa oruteni
Ozonganga aze hi ya mema
Ozongwari aza havera komai
Hokuru tate kotjikori kombwiya
Otjizandu tja utwa tjozondi nu tji tji hi na zondjezu

Tjakuva
Oya Tjihungu
Oya Kavirikiza wondjuwo ya Nambua ya Tjikoto
Ombwa moukoto aayo kayomuriro
Oya Tjakuva wa Monga wa Hauanga
Mba za momusuko wa Uariua, Uariua wa Tjakuva
Indji yozongomb' ozombapa nde rira
monganda amu ha tir' omundu
Tjimwa tomundu aze riyeka novikombo
Onganda ya Tjakuv' oyovit' ovihahu
Mbi mavi tukan' ovandu vozongoro ku va ende
Ovanatje wovita vyoveni mbu mave tja umba nawa Kakue wa Tjakuva
Umba nawa Hakane kOtjimbingwe kondjuwo ya Kasari kozonongo
Ovita pona pu vya sekama

Tjavara
Ovanatje va Nambinda, va Hijamutambo
Okunyanga koupuka wombura
Oya Tjavara tja Mbahijona
Ngwa kwatw' oruteni
Omiti avi tauk' ozondwiyandwiya[9]
Ozondu aza henga
Aza yaruka momatund' okuwomba

---
9 Ozondwiyandwiya oozosunda.

Ozonganga aza mema
Aza rir' otunguza
Oomupererera wa hokuru Katjijandja
Tate ngwaa ende koviti, e ri kozongombe
Tate ngwa tond' omeva wa Paro wozondera
Ngwa suverer' omeva wa Ngunde ya Ndjombo yokanduri
Oyozongomb' ozombap' ovikwerakwere
Otjovina vyopehuri
Nde rira monganda amu ha tirwe
Tji mwa tomundu aze riyeka novikombo
Ozombapa za pah' okuta erambu
Ombura ai rok' omundjororo kOmataneno
Ozahonini omuingona ngwa rondis' Ohende ama rokwa
Ngwa ri nomuna Tjiromona wongombe ya Kaueza ya Mbande
Ngwaa tja: Tat' omuwa ngu ma tu
Ingwi omuingona ngwa pakwa novingor' otjowa Kaujavarua
Ngu va zaris' ombongora yOvatjimb' ondoora moure yatuti tune
Moutindi yatuti tutano

Tjaveondja
Ovanatje va Hijateta mbe ze mana
Omuti omongorwa mbu yau kangar' otjizumba
Ongand' oya Hijandjombo
Yondjombo ya Kaumbi kamukaza Kondimba
Onganda yozongomb' omakond' otjovina vyopehuri
Oya Tjihapa tjomuhuka wa Mukaakozongombe
Oya Tjinuamaihi waina ya Kateta

Tjihange
Onganda ya Tjihange tja Katjombua
Na Tjihange tja Tjizepangombe
Oondj' onene ndja ri kooKatengua Ngandjo Maendo

Omuhona ngwa kuzuk' otjiuru aayo
omungoroona
Indu tji ya zeper' ongombe yondjongo
Oukazona tji wa kongerwe
Tji wa zire kOmuhonga koya Majo Nihova
Tji kwa ri kozombambi tji mwa enda
Mukaaujandja
Indji ndji mai hungurwa i Mukaakezinḏo
Kondjuwo yanaa Hameva
Ngu ma tja: Oviṉa mbi oviso poo ovitara
Ovipanḏe poo otjimbandwangoma?
Indji mu mwa zomukwe wa Hijahizeundura
Omuwa ngu ha ton' Ovatjimba
Indji mu mwa sewa Komanḏumba
Wahokuru Tjiu' Omuzemba wa Nauzemba
Mu mwa serwe Katjiṉingo
Omuze wa Zikot' omuzandu wa Tjisoko tja
Ngandja
Omuhakamburw' omuangu wa Kauazondjendje
Ookoya Mbapiena koya Tjihukununa
Oya Tjinjungu yongau ndja man' ozongombe

Tjihero
Onganda ya Tjihero tja Komaue

Tjimuhiva
Oya Tjimuhiva yozongomb' ozohung'
ozongukutu
Nḏa katey' omuti ondimbo au ha tjamene
Muhuka aze rond' omuru wa Kotjize
Aze tanana aze katar' omuatje na ina
kOndereko ya Tjavara

Oruzo rwOmuko

Ozonganda Kakavire
Kapi
Kauami
Kavekotora
Mbatjanguasi
Rukero
Rute
Tjihambuma

Ozondjupa Ruuma
Tjisekiro

Ondwezu Ondumbu

Ovizerika Kave ri ovinamuinyo ovihungu
Kave ri ovinamuinyo ovinweya
Kave ri etumbo
Kave ri engoti
Kave yata meinya rombwindja

Okuhuhurasana Ongwatjiya
Ohorongo
Ondanga
Ondondere

Omuṱanḓu ***Kakavire***
Onganda ya Tuvare twa Kahii
Onganda yozongomb' ozombyataur' ozombwa zevara kotjiwa
Ngwe ritupuk' ama tja: Kai nevara
Nu ngwa tjirwa ma tja: I na ro

Kapi, Kauami, Kavekotora, Mbatjanguasi, Rukero, Tjihambuma (Ondoto)
Ovanatje va Hijakomur' onyota tjikomborora
Mbu ri ombanda ya Kajona ya Hauang' otjiyaro
Ovanatje va Kavekotora wa Nandimba

Ngwa hupur' okarui kozondera nake karir' otjirongo
Oyovita vya Kahikaeta wongombe ya Tjindere tja Mborongane
Ondwa yozongomb' oukange
Nde is' ehozu mokuti aze ekurya kozondjuwo

Rute
Oya Mukaatjindove
Ya Tjorukui ya Kajona ya Mukaangango
Ondwa yozongombe' ovihariwa komangoti
Nda za mu nomukazendu wa Tjihoreka
Hi katekere me rareke
Hi katyorere me rara kuzema
Ondwa yozongomb' ozondjandj' ozombiriwona
Nda kwaterwa momuramba wozohongwe
Mbu ri ongutirwa ya Kanare, motjirongo
Otjihoreka

Oruzo rwOmumbaru

Ozonganda Hembunga
Ngombe
Tjiuiju

Ozondjupa Mwatjikaku ondere ndja tenga moruzo
Tjapuena ya Kerindi ondere ku ve yakisira omuriro
Katjivare ya Mbandua yOmutjimba wa Kariahi
Mukwakambe
Nawanga

Ondwezu Osazu
Ombirizu
Ombongora

Ovizerika Kave ri epindi
Kave ri evangona
Kave ri omutwe[10]
Kave kora ombwa ondorozu

Okuhuhurasana Otjikuma

Omutandu **Ngombe**
Onganda ya Ngombe yOmuhakaona
Hijatjitaura tjozongomb' ozoserandu nda zire kOtjiwarongo
Oya Ngombe ya Mauru na Kaemua ka Tjozohungu
Moya Muzire wamuti otjisuwo
Mu mu suv' ozondan' okuni na kurooro
Ondwa ndji yana kokuvare kombaramwa yomeva
Kokuvare kondovi yozongombe

Tjiuiju, Hembunga
Ovanatje va Tjiuiju tja Muatjombe
Oya Tjiuiju tja Hembunga

---

[10] Omutwe onyama yosengo.

Tji za sekama tji matu ka kwirira
Tu tja: Tat'ove konde yomiya
Ndji ri mu Ndjerere ya Komoue ya Hendjira
Tat'ove koya Kazik'ondundu
Tat'ove koya Rupupa ya Muhomba
Tat'ove ku youmba nomeva
Ndji hi noumba nozongombe
Ondondu ya Muhomba kuvare
Tat'ove ku ndja twarer' ombinda
Ai ha kotoka na muna na uru
Kewe ra Tjikuara ndi pos' oongerenge
Novand' omayova
Omuhimba ngu ha ri omingu na zombahu
Omingu ngwaa tja ozonyoka
Ozombahu omahingoro
Outwitji otuze twouzera
Ozoseu ozonyanga
Ee Muhimba wa Mumbaru
Ee Muhimba wa Mbuku wa Hajuuua

Oruzo rwOmurekwa

Ozonganda　Hijarunguru
Kaveru
Muhuka
Ndinda
Ngorera
Ngumbi
Tjihoto
Tjiuma

Ozondjupa　Nawanga ya Musiongundu
Tjisekiro
Mahuno

Ondwezu　Ondumbu
Ondimba
Ongange
Ombongora
Osazu
Ombongorarumbu

Ovizerika　Kave tumbu ongombe ondesetaura
Kave ri oruverera
Kave ri ouvangona /oukuruvangona
Kave ri epindi
Kave ri eraka

Okuhuhurasana Okoto
Ombongora

Omuṯanḏu　*Hijarunguru*
Ovanatje va Hijakomau' ovindjengendjenge
Onganda ya zire kOtjomavare konḏukwa ya Kambumbi
Onganda ya Tjozongombe yongombe ya Mungava
Indji ya Kao, oseraombe ndjaai rara pekum' otjozonguṉe

Oya Tjiurunga tjombah' ombi ndji mai ri omaso kotumbo
Ozongwao amaze ri mokuti
Oya Mutondua wa Ndiriva
Oya Katjazengi komuyatahuuna
Oya Tjivenae wa Munene
Tate ngwa ngarer' ondjahe kOmukotera
Kongwe yovanatje va Kaveripi

Kaveru
Onganda ya Tjikopoṱora, ondenga kuṱa
Nosenina kuwora komatundu wovanatje va Handura
Onganda ya Tjozongombe

Muhuka
Onganda ya Kambwa ka Tjiruuo tjamangongwa
Tji ya rumat' orondu tji ya hokwa
Oyaina ya Ndjongo ndjaai rara pokuruwo
Muhuka ai ṱir' onḓu yomeva

Ndinda
Oya Tjozongombe wongombe ya Mungava indj' oseraombe
Oya Tjivenae wa Munene wa Tjozongombe
Oya Hijakatjiṇi wengondo ronyota ndi ri Kandambe ka Kamuara
Ndji mai uru e ri ndja zep' ongombe meombo

Ngorera
Onganda ya Mbuae Ngorera ya Nyoka ya Muuaneendo
Omurumend' omuwa na indu tja rara
Ovandu tji ve mu twa meendo
Ondwa ya Ngorera indji yozongombe za Kangumbi
Kangumbi ka Ndjaramena ya Kahendjira
Ozondumbu zomahoze owa nḓe notjipo

Ngumbi
Oya Ngumbi ya Kahendjira
Oyomusyangundu
Oyondororumbu Nauanga
Oya Kao ya Kauotoona ka Hijanganguze
Okawa nozomberipa zako
Aai hungirwa i tate wanaa Hiumburura
Ndja ryamis' omuina kokur' owohunda
nombuku
Oya Ngumbi wa Ndjaramena wa Tjipueja wa
Tjiuharo
Tji za sekama tji matu kakwirira
Tu tja: Tat'ove kOnandaiharoko
Tate Kahendjira ngu ri mondjira
Tate Tjipuej' owa ngu ri mombweya

Tjihoto
Oyomuti omure kau tey' ekuva
Kambar' okape kake tek' omeva
Oya Mbute ya Viramb' ombande
Oya Kahendjir' owa ngu ri mondjira
Oya Tjipuej' owa ngu ri mombweya
Oya Kahatjit' onguzu
Oya tate ngwa yamen' ondumbi ya Ngoto
Aya ri ongomb' ondaambe
A tja: Yeseye i rye pu i rara kapu mu za

Tjiuma
Oya Tjiuma tja Hamutenja tjozondu
nozongombe
Ondwa ya Tjikundi owa ngwa zu mekundi
Ee Tjikundi tja Kahendjira owa ngwa zu
mondjira
Tji za sekama tji matu kakwirira
Tu tja: Tat' ove komuti wozonene
Nda rara ku tate komuti wozonduwombe
Ku ku ha ri tjiuru tja ngomb' ondendu
Ku ndji ri oworupupa na Henungu na
Kaanaambimbo
Kondu ya inyangu Maue

Oruzo rwOmusema

Ozonganda	Henguvara
	Kaatura
	Kambausuka
	Kanḓetu
	Kandiimuine
	Kasetura
	Katjamana
	Katjihingua
	Katututjike
	Kauaende
	Kazauana
	Mutambo
	Paporo
	Puuaauhe (Omuua auhe)
	Tjihaka
	Tjihuiko
Ozondjupa	Kava ya Musema
Ondwezu	Ombotozu
Ovizerika	Kave tumbu ongombe ondumbu
	Kave koro ombwa ondumbu
	Kave tumbu onḓu ondovazu
Okuhuhurasana	Okanene
	Ondjiva
	Ongweyuva
Omuṱanḓu	*Kaatura, Tjihuiko*
	Ovanatje va Mauano ya Tjomukoto ya Nganda yerindi
	Vozongomb' ozombotoona
	Nḓe pendukir' okutara
	Nḓe ha pendukir' okutupuka
	Maku zu: Ze tir' ombandje nu kongeyama aze piruka
	Oya Tjihuiko wa Mauano wa Nganda yerindi

Kandetu
Ovanatje va Nganda yerindi
Ya Mauano wa Mukaatjomukoto
Oyovitetamahoro
Ondwa yozongomb' ozondorozu nde pendukir' okutara
Nde ha pendukir' okutupuka
Ozondendu ndaaze zemburukw' omukazend' omuzekande
Omukazendu wa Kondera ya Kavi
Ovanatje va Karuverua wa Tjonguze tjomuserandu

Kandiimuine
Onganda yovanatje va Hijakavendjii vomutjira wa Tjipanga
Mbwaau zu metambo nu au yaruka mezumo

Kasetura, Henguvara, Kambausuka, Katututjike, Kauaende, Mutambo, Puuaauhe (Omuwa auhe)
Ondwa yOmusema wa Kaupuire mwa nongava
Oya Komukoto
Oya Nganda yerindi

Katjamana
Oya Hijakavendjii yomutjira wa Tjipanga,
Mbwa zire mokatambo nau yaruka mokazumo
Oyaina ya Nauanga wokanyungu
Ku ka ri popa Mukaaheuva ka Tuko ya Ngero

Katjihingua
Ovanatje va Tjonguze tjomuserandu
Oya Katjihingua womurungu womeya ngu ha karara na ngore
Oya Ngarangu' omukwendata ngwa verere e he rihepura
Ovarumend' ovakwao ave rihepura
Ondwa yozongomb' ozondorozu tukutuku zomavara koviwa

Zozonduwombe zazo zomavara kozombuku
Kaze zemburukw' omundu ngu he ze kanda
Ze zemburukw' ozoina nomukazendu wa
Ngarangua
Wongombe ya Kaundje ya Mukaandjendjeuru
Mama Kaetere wondera ya Kavi
Ngu me ze yandja kozoina
Ondwa yozongombe nde pendukir' okutara
Nde ha pendukir' okutupuka
Maze yanda kombwindja, kongeyama aze tara
Ozondendu za ekw' ozondana kOmambonde
konenge ya Nandu
Aze mungire, ongeyama ai tjindi

Kazauana
Ovanatje va Hijatjizepae kongombe ya Sume
Ya Tjituka na Ngav' ondendereti
Mai tja: Twa teza nu matu tir' ooTjonganga na
Kaueza
Oyokati kaake zu meur' okutona aayo ongwe
nongoroka
Okati ka Kaangu nondunduvanda ya Kavikua

Paporo
Ovanatje va Paporo
Ovanatje va Ndengende wa Hauanga
Ovanatje vozongomb' ozombotoona nde
pendukir' okutara
Nde ha pendukir' okurunda (okutupuka)
Oyozongomb' ozomband' otjovandu vazo oveni
Kerindi rovandu' otjomuhungomeva
Ku ku na inyangu Katjihingua
Oyozongomb' ozombande nda kund' ombandje
Ongeyama aze yanda

Tjihaka
Onganda ya Hijakavendjii ketundu ra Karambi
woonaa Nauanga
Ovanatje va Kasire vaanaa Tjitjeja wa
Kaotjizumo va Kombi

Va Kambonde kotjikokonyo ndja ire kozondwa
Ai ha kazemb' Otjiherero

Tjihuiko
Oya Henguva ya Kana Kaembonde
Ondwa yozongomb' ozombotoona zomavara koviwa
Ze pendukir' okutara kaze pendukir' okukaenda
Maze yanda kombwindja kongeyama aze tara
Ze nomukande wazo oKateere
Kaze zemburukwa
Ze kapahew' omukazendu wa Ngarangua
Okuyekuzeyandja kozoina
Azeh' ozondoroz' otjozoina

Oruzo rwOndanga

Ozonganda
Hauanga
Kaimu
Kakero
Kakujaha
Kamutindi
Katunohange
Matui
Maundu
Mburo
Ndjizera wa Kautumba
Ndjoze
Nganjone
Rukoro
Tjatindi tja Kakero
Tjomazeva
Tutjavi

Ozondjupa
Katjivare
Kahengwa
Uerihopera
Mwatjikaku (yovakazendu)

Ondwezu
Ombotozu

Ovizerika
Kave tumbu ongombe ondumbu
Kave tumbu ongombe onguze
Kave tumbu ongombe osaona ombwindja (ombenyenye)
Kave tumbu ongombe ongara (yotuvao)
Kave tumbu ondu ondovazu
Kave kupu omukazendu otjirumbona
Ovanamazuko kave ri ombwindja
Kave ri eraka
Kave ri epindi

Okuhuhurasana
Ohambandarwa (ohambondarwa)
Ongwangoro
Ongwandemba

Ekoto (Okoto)
Omurekwa

Omuṯanḓu　*Hauanga, Kaimu, Kakero, Matui, Mburo, Ndjizera wa Kautumba, Ndjoze, Pura, Tjatindi tja Kakero*
Ova Mburo va Matui wa Hauanga
Ova Kakuvandara kongutirwa
Ovanatje va Hijakarungu womukut' ozongava
Nu mbu hi na zondjou
Ovanatje va Kambaṯouṯuku
Muhuka matu munasana
Ovanatje va Katjirumatere
Tji tja rumata orondu tji tja ṯunwa

Kakujaha
Ovanatje va Tjimana vozongominya za Katjisemo
Oonaa Nanḓ' osupi ndji riwa neraka
Ovanatje vanaa muvi muzorondu

Kamutindi
Ovanatje va Hijakomukururume
Mba kamunik' omukoka membo rozongombe

Katunohange
Ovanatje va Hijakorutuuo rwa Katando
Ndwa ngara maru woto naru wot' okumosura

Nganjone
Oya Tjiupa tjomipambo tji tji ha ziza

Rukoro
Oya Rukoro wanaa Mukandi
Orukoto rwombarata ngu ma pund' ozongombe
Monganda youkwe ma rara
Oya Kahango kotjitandi

Tjomazeva
Ovandu va Matemba va Mukaahengombe
Ondanga yahokuru Kakuvandara kongutirwa
ya Tjondjo
Moya Kajeo kovaenda novarumendu
Mbaave end' amave nikor' ovikonga vyokuti
Ovandu mba rara mokuti amave pah'
ozongombe zavo
Ind' ovipawe tjimun' ozombawe zombura

Tutjavi
Oya Kakuvandara kongutirwa ya Tjondjo
Tjondjo ya Tjihende tja Tjirukuma tjOmutjimba
wa Mbinge wa Mbaue
Mbinge ngu ma ruku Tjiueza
Oyakuta kondjim' ondwezu ndji ta ai yet' eke
Oya Hijakovimbara vya Nand' oviparangambara
Mbya kaiy' ozondungo aze ri pehi potjinguma

Uarukujani
Oya Uarukujani womukut' ozongava nu mbu hi
na zondjou
Omuatje wa Rukoro waanaa Mukandi
Orukoto rwombarata ngu ma pund' ozongombe
monganda ma rara

Uhongora
Ovanatje va Mbita yozondu na Mbita
yozongombe
Ova Kangu kozonyanda Tjimanangombe tja
Kahendova

Oruzo rwOndjimba (Omuhinaruzo)[11]

Ozonganda Kaisuma
Maendo wOndjimba

Ozondjupa Katjivare[12]
Tjivandeka
Murema

Ondwezu Ombambi

Ovizerika Kave tumbu ongombe ondorotaura (ondesetaura)
Kave ri okapi

Okuhuhurasana Ombongora
Ohorongo

Omutandu *Kaisuma*
Ovandu va Karuuombe wonganda ya Hijakenene
Tjihaonga ya Kazondandambe.

Maendo
Ova Maendo ya Koviti
Ya Hijambahono yonganda ya Tjindumbu
Ya Kanda komuambo
Okumbanda kwa Tjihamungandjo
Tji za sekama tji matu kakwirira
Tu tja: Tjondwezu yet' ombambi
Tat' ove komatjandja wongava
Ku twa rir' ongomb' osume
Tat' ove koukurahungi noukurandjara

---

[11] Oruzo ndwa za moruzo rwOngweyuva tjandje ve zepa ovipuka navi tjimuna Ovatjimba.
[12] Ondjupa ya Katjivare ya Ndjamomahenda yangwa yarur' orutjindo ya Kavi wa Nandondu.

Oruzo rwOndjiva

Ozonganda
Hipose
Kaahangoro
Kaetjavi
Kamuhanga
Karuaihe
Katjimune
Katuamutima
Kauatjirue
Mbai
Muhaindjumba
Putuaota
Tjahikika
Tjeja tja Muhona
Tjipetekera
Tjitjai tja Ngombeimue
Tjiuorokisa
Uanivi
Uuanga

Ozondjupa
Tjipanga
Kanga
Hengwa
Nawanga

Ondwezu
Ongonga
Ongombe
Ombawe
Ombonde

Ovizerika
Kave tumbu ongombe ondumbu
Kave tumbu onḓu ondovazu
Kave ri epindi
Kave ri omavangona

Okuhuhurasana
Okanene
Ongweyuva
Omusema
Otjiporo

Omuṱanḓu

Hipose
Owa Hiru wondjima ya Ndjombo
Ndji ha rond' omawe
Ozondjim' ozongwao aze rond' omawe
Hipose owongomb' onḓorohaka Nanguise

Kaahangoro
Ovanatje va Tjizu Mbimbo ya
Mukaakahandangombe
Ovanatje va Tjirandura va Tjokohambo
Ova Rukombo rwomuwa
Ova Ngurunguṋḓa

Katjimune
Oya Ndjiva wa Mbute, Mbute wa Hijatjiruuo
Oya Katjimune ka Muhona wa Mukuaṋimi
Oruveze rokooma ku ku pos' ombandje
Oya Katjimune wa Kongue ya Koruue
Onganda yozongomb' ozondjandj' ozombiriona
Zozondja komaambi otjovanatje vaz' ovakazona
Oyozongombe nḓaaze yekurya kondongamo
Aze yekury' omaso wotjunda konganda

Kauatjirue
Ovanatje va Kamuhonga ya Ngavetene ya
Honini
Ovaserandu vovizoronyo mbu mave yak'
ondjuwo aya zemi
Va huurirwe ave ya kombara, ombara ai yoro
Ovanatje va Mbatjiua yongonga ya Kauta

Mbai
Oya Ndjiva wa Mbute
Mbute wa Hijatjiruuo
Ovanatje va Muhake (ee Ndjiva)
Ngwa hakera Nguejuv' ozongombe
Ondwa yozongombe zozondja komaambi
Otjovanatje' ovakazona mbe kezekandere
Nḓu maze seraer' otjomandjembere nga hora
Nombukumuna kovikoti

Ondjimba yozongomb' ozondendu
zomateyatambo
Nde karya kokure nu aze yekury' ehozu
kozondjuwo

Muhaindjumba
Ova Kambuarara
Ova Tjindand' otjivihu
Ova Nguendje
Nguendje waveniozongomb' ooKangonga na
Tjara

Kaetjavi, Kamuhanga, Kandee ka Tjikarakuti,
Kangunga, Karuaihe, Tjipetekera (Otjiramba)
Onganda yovanatje va Hijatjipuna
Mu yozombimb' ohoro ya Tjomanga
Ozonya ndu ye ze sir' okuyema
Ovanatje va Karuhona va Mukaandomba
Va Kamuhanga vombambo ya Tjitomb' ongweya
ya Mukaakatito
Ondjimb' onguru ndja zire kokure kozombako
zooKape na Ndjoura
Ondjimba ya Kotjiu' otjirongo tji tja kombwa
nawa
Ayoo ondjuwo yongandji nondanduze
Indji ndji mai yarur' ovita kona ku ku ha i ovita
KozooKamuahao ka Muanangunga
Kozondjuwo zozonewe kokure kOmbwenge
Kovandu vouramb' otjozongoro ovehetjikuposa
Oku va ire nongombe yozondera komatwi
Ndji mai is' ourenga pona pu ya rarere
Kona oku kwa kakotokere Kandongo
wotjimbara tja Tjatjitenja
Omavare uriri nge he ri omize
Na Kaujekuatjike wozondjona zooMahuue
Tjirire ya Mbinge wozombahiwona zovitambo
nu nde hi novizumo
Ondwa yorukongo ndwa ire na ingwi omuhon'
ovita
E ri ngu ri omuangu (Kaipungo wa Karuaihe)

Ing' orondoro worusengo oozondjandja aza zuu
nu aze hi ya tuka
Ondwa yombaṇḓe morukongo ndo ingwi ngwa
ka kamburir' onyoka
Onyoka ndje mu hitire uṯuku e ri ondjahe
yokuwoko kumwe
Omuatje Ueitjitavi ma rukwe
Ondwa yozongomb' ozosaona zomitjira
otjazenga
Nḓu maku zu za mun' omukazendu wa Kavi wa
Kakarambondo
Ngwa tjind' epingo ndi mari mu paka
Oyozongomb' ovihaori zoutambo
Nḓu maze yandjer' ozongwao onḓoronyama
Onḓura aze panḓere po

Putuaota
Oya Ndjiva wa Mbute wa Hijatjiruuo
Ovanatje va Muhake (ee Ndjiva)
Ngwa hakera Nguejuv' ozongombe
Ovanatje womuhake ngwa enda pu mbari
ooKanga na Tjipanga
Oya Kauhonina ya Nguaepe
Oyovand' otuhangoro otjozongarangomb'
ozondema
Onganda ndja ri movita vya Kakango
Ndja ri pozombata handje mai tja ya rarere
kokure kongwe ya Haitura
Oya Uarukujaṇi womukut' ozongava
Onganda ya Kahango kotjitandi
Oya Putuaota ngu ri kErongo ra Mbambi

Uanivi, Tjeja tja Muhona, Tjitjai tja Ngombeimue, Tjiuorokisa
Oya Ndjiva wa Mbute
Mbute wa Hijatjiruuo
Ovanatje va Muhake (ee Ndjiva)
Ngwa hakera Nguejuv' ozongombe
Ovanatje womuhake ngwa enda pu mbari
ooKanga na Tjipanga

Oya Tjamena tja Muhavarua tjomukuatjivi
Ovanatje va Tjitjai tja Ngombe wa Muhona
Ovanatje va Hetunda
Ovanatje va Katjimune wa Muhona wa
Mukuanimi
Oya Kohunata ya Mukaakatjana, Murora wa
Katjomeva
Ondwa maamu rarere Tjiramba wa Tjeja tja
Muhona
Onganda yozongomb' zozondja komaambi
otjovanatj' ovakazona
Mbe kezekandere
Ndu maze seraer' otjomandjembere nga hora
Nombukumuna kovikoti
Ondjimba yozongomb' ozondendu
zomateyatambo
Nde karya kokure naze yekury' ehozu
kozondjuwo

Oruzo rwOndondere

Ozonganda Hapera
Hoko
Makono

Ozondjupa ...

Ondwezu Osazu

Ovizerika Kave tumbu ongombe ohungu
Kave tumbu ondu ohungu
Kave tumbu ongombo ohungu
Kave tumbu ondu ondovazu
Kave tumbu ondu onweya

Okuhuhurasana Ondanga
Ongwatjiya

Omutandu
Hoko, Hapera
Oya Hoko wa Hapera womatako
Wozohengwapindi otjowa Nguramene
Eheri owa Nguramene

Makono
Ovanatje va Mutirua wombamba ya Tjitombo
Okuta kondjim' ondwezu ku ku yandj' omake
Oya Makono wa Tjindjou

Oruzo rwOngandjo

Ozonganda   Muniongumbi

Ozondjupa   Nawanga

Ondwezu   Osazu

Ovizerika   Kave tumbu onḓu ondovazu
Kave ṯunu kepaha
Kave ri epindi rongombe yozonganda
Kave ri ozosyoti zonḓu nozongombe

Okuhuhurasana Ohorongo

Omuṯanḓu   *Muniongumbi*
Ongandjo ndja ver' onganda ndja veruka
Yozongomb' ozoserandu za Tjanango
tjOmuherero

Oruzo rwOngokavero

Ozonganda Hamujera
Hikuama
Komukuao
Kuazire
Muaine

Ozondjupa Tjisekiro
Nautoni

Ondwezu Ondaura

Ovizerika Kave tumbu ongombe ohungu
Kave kupu omukazendu wotjipo korutu
Kave nu omatuka omanyenda

Okuhuhurasana Omuko

Omutandu **Hikuama, Hamujera, Komukuao, Kuazire, Muaine**
Oya Mbinge ya Komukuao
Onganda ya Hikuama na Kazondjira zeyuru
Nde tjiukwa i Ndjambi na Karunga

Oruzo rwOngwandemba

Ozonganda   Kamatjipose
                  Katjiteo
                  Muundjua
                  Tjitunga

Ozondjupa   Nawanga
                  Tjanekwa

Ondwezu   Ombambi yoruyera kotjinyo
                  Ondaura
                  Ongange yozombore
                  Osazu

Ovizerika   Kave tumbu ovinamuinyo ovihungu
                  Kave tumbu ovinamuinyo ovinweya
                  Kave koro ombwa ondorozu
                  Kave ri ehuri pomakara
                  Kave ri oura
                  Kave ri oruverera

Okuhuhurasana Ondanga
                  Ohorongo

Omutandu   *Kamatjipose*
                  Oya Kaevarua ka Ruzinga wa Tjitana Tjeembutji
                  Wa Manomengi nga ruka Kuvare
                  Ovanatje va Tjikuirire tja Kaambi ka Harahozu
                  wa Muambingana
                  Tate Hijaoronga, ndjinga yovita na ndjinga
                  norutjindo
                  Ovanatje va Kavizo kozohim' ozondwite ku ze
                  yenda nu ku ze ha kaambera

                  Katjiteo, Tjitunga
                  Ovanatje va Tjiturika ya Mukaahenda
                  Kakuva ya Mukaahenda
                  Ondw' erumbi roya Hijomusupiparanga

Omusupi ngu ya hongorer' ovare nu a ha henge
Oya Hijakokao kaanaa Ndjoze
Ondwa yondwezu yet' ombupu pu imwe nondeu pomurongo
Ondwezu yet' ombi yoina Kananderova

Muundjua
Ovanatje va Tjikanguka tja Hijomusupiparanga
Omusupi ngu ya hongorer' ovare na ha henge
Ondwa yozongomb' oukange wozombore
Oya Tjiturika ya Mukaahenda
Kakuva ya Mukaahenda

Oruzo rwOngwangoro

Ozonganda Kanguatjivi
Kasenina
Tjatjitua

Ozondjupa Tjanekwa

Ondwezu Ombotozu

Ovizerika Kave ri ongondivi

Okuhuhurasana Ohambandarwa (ohambondarwa)

Omutandu *Kanguatjivi, Kasenina*
Oya Hijakaupasaneua wongangura ya Mukaatjingovi
Ondw' ondwezu ya Kasenina ka Ngumbi ya Ketuuo
Oya Tjitjitua tja Hijamukoperua
Oya Kohaka ya Mburo ya Hauanga
Oya Ruueza
Oya Apona kondjupa ya Tjara ya Nang' orukora
Ngu rihiv' omuatje wa Roze
Tja ramb' ondana mOnderekemba
Movina vya Muinjo vya Tjipurukisa
OApona ingwi ngwa enda novand' omihokohoko
Amave takuma na ha zembi Otjiherero
A ende nozongak' otjikwena nongwe ya Kamutuur' orumbembera
Ondwa yozongomb' ozombotoona' otjozombo
Nda za mu nomukazendu wa Tjivikua wondovi ya Nameva

Oruzo rwOngwatjindu / Ongwanyimi / Otjikuma

Ozonganda
Handura
Harire
Jezurura (Ongwatjindu)
Kambazembi (Ongwatjindu)
Kangombe (Ongwatjindu)
Kapara (Ongwatjindu)
Kapenaze
Kozondjona (Ongwatjindu)
Mbendura
Mujazu (Ongwatjindu)
Mutambo
Ngaruka
Ngura (Ongwatjindu)
Rutjani
Tjerije (Ongwatjindu)
Tjiueza (Ongwatjindu)
Urika

Ozondjupa
Nawanga yozohungu (onene yoruzo)
Mukwahungu (onene yoruzo)
Mwatjikaku

Ondwezu
Onguvi / Ondovazu
Osemba
Onḓemba

Ovizerika
Kave tumbu ongombe ondumbu
Kave tumbu onḓu ondovazu
Kave koro ombwa ondumbu

Okuhuhurasana
Ongwendjandje
Ombongora
Ongwanḓemba
Ongwangoro
Otimba

Osembi
Otjikuma karu huhurasana na twarwe

Omuṱanḓu **Handura**
Ovanatje va Handura vongombe ya Sume ondendereti
Ndji mai tja: Ovirongo avihe mba teza mbe vi vaza
Mba sye ko Otjonganga na Kaueza

Jezurura, Kambazembi, Kangombe, Kapara, Kozondjona, Ngura, Tjerije, Tjiueza (Ongwatjindu)
Ovanatje va Tjitombo
Ovanatje va Ndjaramena
Ovanatje va Kazeva ya Mbinge vanaa miserarungu
Ovanatje va Hijangapuee (ee Tjiueza) wondjuwo ya Munjengua
Ndjaai tungwa na ngamwa muti mbu ya vaza motjirongo
Ovanatje va Hih' ombanḓe
Ovanatje vovita vyoveni
Mbu mave tja: Umba Muniosemba wa Zatjirua
Umba Jezurura wa Ngura
Umba Hiha wa Tjipiona
Ondwa oya Hijamar' omawa nga rara Tjova
A rara a ṱungauka ayoo ombunga nombura norutjindo
Ovanatje va Korutjandj' orunene
Ndu pos' ozonḓera mbari oombo netwangoma
Ondwa maamu rarere Kambazembi wondwezu ya Tjihama
ngwa tumbire a ha vazewa oomurunga pondomba
Ingwi omuhona ngu ma yandj' ongombe nondjupa komundu omukapite
Omuatje wa Kangomb' omuhon' ozongombe
Omuatje wa Tjiueza tjokuwez' ozongombe

Kapenaze
Ovanatje va Hijamara vomar' omawa nga rara
Tjova
A rara a ṯungauka aayo ombuṋga nombura
Ondwa yovita
Ovita tji vya kond' okapapu kanaa Mutuva
Okaw' okataazu pu pa uhar' omuari
Avi kond' ondjombo ya Mukaaruṯiṯi
Tji mavi ya mozooHijandjenda wozonduwombe
za Tjimuho
Avi tetwa: Matu zuu kutja ku novita vyonganda
yOnguatjindu
Nangwari ingwi omundu ngu na vyo
owozondjimba
U nozongwehe mozondjaṯu
Aku zu: Ngavi konde virangerwe
Nu ing' Omumbanderu worupindi a tja: Kako
kavi na kurangerwa tuvari
Vya rangerwa rukuru
Tjandje mavi i kOkangondo kongombe ya
Mbimbo mu Nambara yahonini
Koutumb' ousaona kongwa yooKatookui na ina

Mbendura
Onganda ya Mbendura ya Kambe ka Ngururu
Indji yozongombe inḏ' ozonḏemba zovikotwe
otjeṯup' eokoro
Inḏa za Ngopo ya Kuhanga kwa Rutjindo rwa
Tjikurira
Ozombanḏe kovizo nḏe ri otj' oza Ngaruka ya
Muatjetjeja
Nḏa haṋa Nḏiziro wa Karenge
Inḏa nḏa ri nondumewa indj' onene ya
Kehijonḏonḏu ya Tjipaha ya Munjandi
Ngwa rondisir' ooina na ihe kevi kOhango ku
Mukazambueza
Koṋa ku ku rond' ozongombe za Rutjindo
Oviṋa ihe ngwa ri omupoṯu, ina ngwa ri
omboro
Imba tja tjirwa komawe wa Tjitjerua

Oov' erose rozongomb' ozondemba
Ndi tja: Ee Uundjisa wokoya Mure wa Tjindongo
Mama naa kombwa ya Maso ya Matjite
Omakura we tji ye ha ri po
Uundjisa ee Tjituez' omuzandu wonganda ya Mbendura
Ingwi ngwa undjis' ovit' ovakwao tji va ri kondjou
Eye tja ri mongand' ovita tji vye ya
Onganda ya Tjanda tja Hijakaeru
Ozongand' ozongwao ku ze is' omuriro
Ongand' onene ndji tura mondjira
Ozongand' ozongwao aze tura posyo
Ongand' onder' onene ya tji kwa zire va patw' omaihi ku Tjipepa
Kondindira ku vahona va rweya

Mutambo
Oya Mutambo ya Tjiuiju tja Muatjombe
Oyoukuve mbu mau hungirwa i Kavaenda
Oukuve wetu nandi u ha vava kotjirwa mau kurama
Ondwa yozondoroombe zomizoropindi otjozonganga

Ngaruka
Onganda ya Kaenda yetund' ekuru
Ondwa yozongombe zehang' ousaona zotuyera kovinyo

Rutjani
Oya Rutjani rwa Kotjikoto
Oya Mbuere yoruvanda rwa Kataura
Oyatate ngwa ramb' ombandje komarombora mbu tura ya Mukaatjova

Urika
Ovanatje va Hijangapuee
Vozongombe inda nde is' ehozu mokuti
Aze yekurya kondjuwo yainaa Tjovizezemambo

Ondwa yozongomb' ozombapa
Nḓa har' okuwa nombura ai rok' omundjororo
mEtameno
Mongombe ya Ndond' okahengwa

Oruzo rwOngwatjiya

Ozonganda   Hamburee
Hartley
Herunga
Humu
Kaapuhu
Kaaronda
Kahuva
Kamusuvise
Katjirijova
Katupose
Kauaṱa
Kazeiko
Muhuure
Muniazo
Nḓerura
Ngueumenga
Ngunaihe
Tjejamba
Tjerimba
Tjikumisa
Uaseta
Zahungama
Zaongara
Zaukua
Zeraeua

Ozondjupa   Kahengwa
Tjisekiro

Ondwezu   Ombambi
Ongange
Osazu
Ondjeo
Ombirizu
Ombongora

Ovizerika	Kave tumbu ongombe ongonga Kave tumbu ongombe ekondo Kave tumbu ongombe ondorotura
Okuhuhurasana	Ongwatjindu Ondanga Ombongora Ohorongo
Omutandu	**Hamburee** Oya Tjiseua tja Tjirongo tja Ruhauanga Ondwa yozongomb' ozombambi zotuyera Ndu maze riri monganda amu ha tir' omundu Tji mwa tomundu aze teme aze riyeka novikombo **Hartley** Oya Hijaundjua womur' oruuku Ngwa patan' ouanga e ri ngwe u yeta Omuatje wa Hijakoutengarindi Mbuaau teng' okutemunwa Nau kasenina nombav' ondeu **Herunga** Oya Kapeko kokupek'ouye Oya Herunga rwomukona Oya Mujara ngu karira mondjuwo Na kotor' ozohonga zomayo pendj' okuyora Oya Ruherunga rwomukona ngwa vazewa Komuti wozombono ama yeyena Ozongombe aza pundwa Aku zu: Ruherunga rwomukona Heruk' ozongombe za pundwa Ondwa yozongomb' ozosaona Nda kond' ooHunguue na Katunduvanda Nde kary' ozondera kona ku za kauhara Oya Herung' omuwa ngwa munikw' ozondjima za Muhiva na Ruvango Arire tji za tja: Vand' omuherer' omuwa wa Kandondu komuherero

Ovanatje va Rukova na Tjangara, tat' omukona
ngwa pater' ovand' omaere
Wondjupa ya Katjeriumba indji Nawanga
A tja: Ovand' ovatwa novatoora mondjupa ndji
kave nu mo
Ovanatje va Tjipapi tja Tjivar' omuhon'
ongaveṯe

Humu
Onganda ya Humu ya Kapiriko komuhon'
otjiwonga
Oya Kakuṯa kondjima ndjaai ṯu ai yet' eke
komundu
Oya Katjitoha na Kambonde

Kaapuhu
Oya Hijakatando na Hijanangombe
I rar' ozondand' omakuva ai na wo
Ondwa yozongomb' ozonḏenḏu
Nḏa za kokarundu ka Mbeti ka Hamujemua
Ondwa yozongomb' omapenda
Nḏe horek' omeva kozondana
Nḏa katey' omuti ku Kaondjoze ya Karipita
Oyozongombe nḏe katokerwa amu ha ṯir'
omundu monganda
Nangwari maze rihunu

Kaaronda
Ovanatje va Hijamukuma hembandin' otjirongo
Oyombuharua ya Kaoko

Kahuva
Ovanatje va Kahuva ka Ndovazu
Onganda yotjihenḏe tjooNambua na Mbingana
TjooTuvare na Tjirongo
Tji tji toka tji tji ha tokwa
Oya Ruhauanga yozongara
Ondwa yozongomb' omitanda zohambo ya
Rongota
Ozombambi zotuyera kovinyo

Nḓa kanw' ondjombo ya Kavari Kaengombe
Nḓe ha ri omiti vyomakuiy' ozongwao aze rya

Katupose
Oya Katupose wa Hungu wa Ndjai

Kauaṯa
Kauaṯa owa Kongombe ya Mukoto
Ovomarunga wa Hijakotjimbumba
Tjozongomb' ozombw' ozombaranga
Nḓe hi noyamuapi noyangotonya
Ovanatje vomarunga va Hambuma wotjizu tjozondjou

Kazeiko
Oya Tjipapi tja Tjivar' omuhon' ongaveṯe
Oya Kujambera kwa Mbapu
Oya Kavirama yozongombe zozohura
Tate ngu ya rara mondjir' ovita aavi yende
Onganda ya Kanḓonḓu komuherero
Oya Mungunda

Muniazo
Ovanatje va Hijamukuma
Oya Kaṯire ka Tjitaura ngwa taura ku Ndjamo

Nḓerura
Oya Nḓerura ya Vakuru
Tate ngwa tonder' omaze na kasuver' ozongombe
Oya Ruhozu rwa Kokure
Onganda yovit' ovinene imbi vya Uahere omuzandu wa Ngao ya Kuziruka
Uahere eye ngwi wokati okaserandu ku ke tona ake kondo
Ovanatje vozongombe zomaṯup' omakukutu
Nḓa katey' omuti orupapa kongombe ya Tjambur' orupera

Ngueumenga
Onganda yovanatje va Hijatjarenge
Voviti mbi yavi haṉ' ozongombe ngurova avi wongareke
Oyovanatje vombuharwa ya Kaoko
Onganda ndja za kOtjinḓe tjomuhama kOkaoko
Ai kond' okarundu ka Mbeti ka Kahamujemua
Tjazumbo ai kond' orutjandja rwa Mazera nondjombo ya Katuze
Onganda mu mwa enda Munguangua
Ngwa yend' ama tja: Etereree ombuku ya Hijakahija
Ndja sewa korungondo
Imba wozombembe mbe kamunik' okukwata
Mu mwa yenda Tjikusere

Ngunaihe
Ovanatje va Hijakondjuwo ya Kavi Kanjomiti Kaherero
Ova Kanjuku ka Muandjiva

Tjejamba
Ovanatje va Hijakavi wa Hijanguire
Vongwe ya Nandimba ya Mukaakatjikuvare

Tjikumisa
Ondwa ya Tjikumisa wa Herunga
Oya Kapeko kokupek' ouye
Oya Tjipapi tja Tjivar' omuhon' ongaveṯe
Oya Senine ya Munḓuva
Tate ngu karira mondjuwo
Na kotor' ozohonga zomayo pendj' okuyora
Nangwari tjandje ma rurupara
Ondwa ombwa tji ya huru komayo
Ookatonde ya Nganga
Tate ngwa tonder' onganga na kasuver' ongombe oruyeo
Tate (Herunga) omuwa ngwa munikw' ozondjima za Muhiva za Ruvango
Aze tja: Twa mun' omund' omuwa otja ingwi

Tjandje ondwa ya i kozonyaru zomeho
kozondutupi zovitambauru
Ai kavaza omundu ngwa zepa omenye, ai ri ai
yenene
Ai pundu kOmburo tji ya wota ozonguṋe za
Mburo
Ovitekuṋe nganda ai woto orumbo
Tji ya kotoka ya kondera pouṋa wa Tjouṱuku wa
Mbondi
Ouwa mbwa tja urir' ouṋange
Tjandje i na tate omuni wa Heruṇga
Tjandje u na yo ongwe yetu ya Hijatjikuirire
Ndja turikirwe i Nambura
Tate ngwa vasew' omakura komuti wozombono
Ave tja: Wa uruma poo wa hapa vi ozongombe
aza pundwa
Na tja: Yarukeye nu ozondana amu reke
Indu tja toora omakura we ooUzepa na Tjipato
Tji va karya onḏu ekondo ya Mutunda e ha ri ko
Ozongombe tji maze kondo ozongombe za
Tjiuo omauṇi
Ozongombe a kakotora koveni kovandu
vonganda ya Kujambera
OHerunga wa Mujenda
Ongu ri ye wa Mutengauje nu wa Museninauje
Ingwi wa Ngungu
Tat' ombonge omuwa tja tara kovandu vaina
yomukweṇu
Omuvi tja tara kovandu va nyoko
Ondwa yozongombe ozongange zoupumbauru

Uaseta
Ovanatje va Mukaasengini
Ovaenda va Mukaangura

Zahungama
Oya Nḏerura ya Vakuru
Omukuruhona wa Rukombo
Kaihe ngwa tonder' omaze na kasuver'
ozongomb' okutumba

Imba mbe kekuta rumwe kOndjambo

Zaongara
Onganda ya Zaongara oya Nḓerura
Yomukuruhona wa Rukombo ngwa tonder'
omaze
A kasuver' ozongombe
Ondwa yozongomb' omapenda nḓa kateyer'
omuti orupapa
Kongombe ya Tjambur' oruper' omuti au ha
tjamene
Ozonḓ' omarung' otjovasuko vazo va Kandjai
wa Horongo
Ze nomaṱup' omakukut' otjowozonḓera
Ze tand' otjokomurungu
Otjokombund' aze hi ya kapita

Zaukua
Onganda i yana ovakwendata vokaruwona
Karukua na Munḓuva
Oyoumuti ouṱiṱi otur' otusemba
Totukuiya tu tu ri osemba
Oya Tjamuandov' ondwezu ya Tjatjitu' onḓeu
Ndji kondja nozonguṉe nḓa hupu kokuruwo
Ondwa yozongomb' ozonḓenḓu zozondja
komaambi
Otjovasuko vazo vevari
Ondwa yozondwezu nḓe tura poṉa
Ooma au yende kozongoro otjoza Kahimemua

Zeraeua
Onganda ya Zeraeua kohambo yondungo ya
Rukeno
Ingwi ngwa tumbir' ozongombe
Na tond' omaze wazo
A tja: Mu novivava vyozonḓe
Zeraeu' omutwezu ngwa kaeter' ozondjembo
nondepise kEzorongondo
A kutur' Ovaherero kouhuura wOvakwena
Omuingona ngwa pakwa motjikesa

Ovakwao ave pakwa momikova
Ondwa yokuruwo kongombo
Yomuvand' omusupi otjowohambo
Oyozongombe za Kapiriko zomukuruhona wotjiwonga
Ozondendu nda muna Tjimbauja kombawe ya Herunga
Ondwa maamu rarere ingwi ngwaa tja: Ovandu me vesa mu Mukuru
Orond' ovandu vouye ve runduruka

Oruzo rwOngwendjandje

Ozonganda
Honga
Kaeka
Kambumbi
Kamupingene
Kandee
Kandjai
Kapuuo
Katjani
Katjiukua
Katurumo
Kaura
Kauraisa
Ketjiperue
Kuritjinga
Matukarua
Mauano wa Tjomukoto
Mbahepa
Mbaroro
Mbinge
Muheue
Muhoko (Omungambu)
Murirua
Ndjoonduezu
Ngoze ya Hauanga
Papama
Pavaza
Tjahuha
Tjaimba
Tjerivanga
Tjijeura
Tjiraso wOngwendjandje
Tjiriange
Tjivau
Tjizera
Tjongarero
Upi
Zaaruka
Zemuundja

Ozondjupa	Kahengwa
Ondwezu	Onganga
	Ondimba
	Ekwara
	Osazu
Ovizerika	Kave tumbu ongombe ondumbu
	Kave tumbu onḓu ondovazu
	Kave koro ombwa ondumbu
	Kave ri ombwindja
Okuhuhurasana	Ondanga
	Ongwatjiya

Omuṯanḓu

Honga
Onganda yOmungambu
Onganda ya Kahitjene wa Muhuko na Mbungu ya Kezeva

Kaeka
Onganda ya Kaeka wa Huati

Kandee
Ovanatje va Ngarangua

Kandjai, Kuritjinga, Kaṯurumo
Onganda ya Kuritjinga wa Kandjai ka Kahuure
Oya Ndjai yokuuka ndji he ri ndjai yakupanga
Kuritjinga okomuti wa Mukaatjeja
Kandjai okomuṯati wombo mbu hupir' ouzuwo
Tat' onganga yeraka ngu he ri onganga yakupanga
Kahuure okongo yooVatje na Ndjoura
Oya Hijamberimuna wa Mukuandongo
Vongombe ya Tjomb' ohamungira
Ndji mungira tji ya pew' ondana
Ondwa yozongomb' ozondjandj' ozombiriona
Zozondja komaambi otjovanatj' ovakazona aayo ozombahaurenga

Ozondendu nda za muno momukazendu wa
Kehoro, ingwi Inaangura
Oyovanatje va Hijamberimuna va Kazorond'
otjowa Tjitjaerera
Vozongombe ozondjandja nda za puna
omukazendu Ngura wa Konyota
Vozongomb' omapenda nda katey' omuti
orupapa kongombe ya Tjamburo
Omuhuka aze kavak' omeva koutundu wa
Kavari

Kapuuo
Onganda ya Kapuuo ya Mbambara
Ya Tjakurupa tja Ngujovandu wa Tjimbauja
Wa Ngumbi ya Mutambo
Ondwa yozongomb' oukuvare wonganda ya
Mbambara
Ndu maze kamunik' ovihongw' otjoviruwo
kOmambonde
Konenge ya Nandu konduruturu ya Tjeruka
Ondw' onene maamu rarere Uatjindjo wa
Kapuuo wa Mbambara
Ngwa tjirwa pOmbakah' okaserandu
kondungaunda oondondwa
Woruhumba metambo owondaura
Womukazendu Kahonis' omutwezu
Ngwa kwaterwa kongombe ya Komur' ohungu
Ohungu ndji va tjirw' amave pambara
nokusopora
Ooina ya Tjapeuete wongombe ya Tjiuo ndji ri
ku Kapepe wa Ruhumba
Ondwa maamu rarere Mutuurunge wa Kapuuo
Ingwi okomainya komeh' otjotjipuka tjokuti

Katjiukua
Ovanatje va Hijakomahoro va Mujend' omawa
otutau
Owa nga wa kozongombe
Omuatje wa Hijamuserandu ngwa yandj' ondu
Ngund' ozongombe aze ri monganda

Omuatje wa Muserandu ngwa ry' ombandje
A tja: Wa ri ondjona koina
Oya Katjiukua wa Tjiriange tja Ngoze ya Hauanga

Kaura
Ovanatje va Kaura vongombe ya Navita
Orukoze ya Muakakondo

Kauraisa
Ovanatje va Tjaimba tja Hijakozondume
Ouraisa iuvari ooka Njembo na ing' oka Hangue
Onganda yozongomb' ouhengwa mbu hi na ndukwa nawa

Ketjiperue
Ovanatje va Mbinge ngwa ruku Tjiueza
Ovakazendu va Kateta ka Munduva ya Hauanga
Ina ngwa ramber' ombandje mondjira yorutjindo
Oya Tjipueja wa Kuzema

Mbaroro
Oyovare vozongoro mbe he yere
Mbe ri pehi kovihama vya Kaoko
Ovandu mbe yekukond' ondjuwo yomukazendu wa Namare
Tji va wondja ve hite
Ondw' onene ndja za ku Tjitana ya Ngeke pehi kehi Komuira
Onene ndja end' engwangwa ku Tjitana ya Ngeke
Onganda yozongomb' ozombongora zozondja kovitama
Otjovasuko va Ngandjera
Omu mwa end' ongombe indj' ondorozu ya Kanjungu kombandje

Mbinge
Oya Mbinge, Mbinge ngwa ruku Tjiueza
Oya Hijakazehembe tji za hembe
Maze hemb' omuti wozombuk' otjipo
Omuti aku hi na nyama
Ondwa yozongombe nḏe varurw' omukazendu ngu ze kanda
Orond' omakwar' otjozonḏu
Oya Ndiruka ya Tjoore
Onganda yozongomb' ozondaura nḏe hakw' otuviri

Muheue
Ovare vozongoro mbe he ere mberi kovihama vya Kaoko
Ovanatje va Tjiuiju na Kamuangu
Ovanatje va Jahaṋa na Ngomb' ondaura
Ovanatje va Tjimuho
Oya Hijakoutengarindi mbu yau teng' okutemunwa
Nu au kasenina nombav' onḓeu mbu ri Nangoro ya Tjitjo
Oya ingwi ngwa kwaterwa kondwezu yamukururume
Okavahe ndjaai kondjo novitundu
Ngund' ai hi ya mun' ozongwao

Muhoko (Omungambu)
Onganda ya Kahitjene wa Muhoko na Mbungu ya Kezeva

Murirua, Hepuite
Ovanatje vongomb' orupera Kazembuire
Ongombe ya Mukoro ndji pwa aya hakama kongomb' oina
Ovanatje va Tjaimba tja Hijakozondume
Ovanatje va Kavio
Owa Maṱupa
Owa Tjiundja na Ngava

Ondwa ya Murirua wa Hepuite, vongombe ya
Kang' orupera

Ngoze ya Hauanga, Tjiriange
Ovanatje va Kakuvandu kongoma ya Muuoo
Ovanatje va Hijakomahoro wa Mujenda
Omaw' oturemba owa nga u kongombe
Ovanatje va Hijakondjandja
Vozongombe zozondja komaambi otjondwezu
yazo
Ovanatje va Ngoze ya Hauanga ya Kanenekao

Papama
Oya Tjiueza tja Hembahu
Ovanatje va Papama vongombe ya
Mutengangombe
Ongomb' evara ndi ya ronda na ro
Ondwa yozongomb' ozosaona
Inḓ' ozondjangu zainḓa nḓa rurum' otjunda
kOkomaṯupa
Naze ha hunu moyazo
Aze kahuna konene koya Naurura ya Kuatji

Pavaza
Ovanatje va Tjisutavizeze
Va sut' okakambe ka Kamujenda
Ave sut' ovizeze
Ova Mbeninga ya Hengombo

**Kamupingene, Katjaṋi, Kauraisa, Matukarua,
Mbahepa, Mbeuserua, Murirua, Tjahuha,
Tjaimba (Otjitjaimba)**
Ovanatje va Hijakatjaṋi ka Hijamindika
Ovanatje voya Kombiku ya Ruvange
Ovanatje vohiva ya Mbombo ndja zuu muvya
narir' omikorore
Ovanatje va Mukaakekoze, ekoze rozondan'
ozondema
Ovanatje va Hijakovikurukaze
Mbaave tjirw' amave ṯenḓun' otjipo

Nu ngurova avi kasor' okunikora
Ovanatje va Tjaimba tja Hijakozondume
Ondwa maamu rarere Tjahuha wozongomuinya
za Mbuarondo
Omuatje wa Hijauripuaṉi wongombe ya
Nanḓero
Ondwa yozongomb' ouhengwa nḓe ha ṯukwa
nawa

Tjerivanga
Ovanatje va Nganda yerindi

Tjijeura
Oya Tjijeura tja Ngombeimue
Onganda yongombe imwe indj' ombapa
yoruyera kotjinyo

Tjiraso wOngwendjandje
Oya Tjiraso tjomutamunwa

Tjivau
Oya Tjivau tja Ndandona wa Hehova
Womuti womakuiya mbwa ri pokakambe

Tjizera
Onganda ya Tjiveze womuti womakuiya
Mbwa horek' ongombe ya Mbirukir' okapera

Upi
Ovanatje va Kakuvandu kongoma ya Muuoo
Ovanatje va Hijakomahoro wa Mujenda
Omaw' oturemba owa nga u kongombe
Ovanatje va Mukaakaambungu
Ova Upi ya Hauanga voya Kananḓera ka
Karuuombe
Omutwezu (Upi) ngu ri kEhangero
Kongombe ya Katjarimo mu yozongwari
omarama

Zaaruka
Oya Zaaruka wa Kahere
Ovanatje va Hijamburuuru wombwa ya Katana ya Mukaangeke
Ombwa ndja kotokere konganda owa ndji mai karov' ovandu
Ombwa ndji ha ri seranyama
Ovanatje va Karutjindo tat' omukuzembanda
Ngwa purirwe kozongombe za Tjikara tja Muambati ya Tjombe
Oyozongomb' ozondend' outaura zozondeku momitjira
Ovanatje va Hijamihongo vongombe ya Kandondo
Ndjaai mung' otjiny' okuvandara owa ndja puk' ovirongo

Zemuundja
Ovanatje va Hijamukuma hembandin' otjirongo
Ndji ri ongominya ya Katumangombe ya Ndjiva

Oruzo rwOngweyuva

Ozonganda   Kahaka
Kahoro
Kakuva
Kamuṱati
Kamuzari
Kandjii
Kangootui
Katjinjaa
Kauandenge
Kavari ka Tjozohongo
Kazombaruru
Kazonganga
Kuzatjike
Mbunguha
Muere
Muinjo
Mumbango
Murangi
Muroua
Seu
Tjikotoke
Tjimbundu
Tjomita

Ozondjupa   Kanga
Tjipanga

Ondwezu   Ongonga
Ekondo
Ongombe
Ombonde
Ombawe

Ovizerika   Kave tumbu ongombe ondumbu
Kave tumbu onḓu ondovazu
Kave ri epindi
Kave ri omavangona

Okuhuhurasana Okanene
Ondjiva
Omangarangwa
Omusema

Omuṱanḓu *Kahaka*
Oya Seu yongutirwa ya Ndin' ongozu ndji ha ri na ruuri
Indji yozongomb' ozombonde zomisu
Nḓa kondwa owa Hoke wa Mbetjiura
Oyozongomb' ovikoroona
Oviwerewer' otjoviṉa vyopehuri
Ozonḓorozu ṱukuṱuku
Omao nḓe ha rar' ovitjika
Nḓe tir' okuzeperer' ondana yongwao
Ozovikoti ovitarazu aza ṱokuyata mondombora
Zovipara ovikukutu aza ṱokuhungama neyuva
Oyorutjindo rwa Mbaurua
Ndwa heewa i ihe kutja nga hinge ngurova
Oya inḓ' ozonḓenḓu nḓe rarer' ongand' ovimbembera
Otjozondjuwo aza hitis' omuronḓu

Kahoro
Ovanatje va Tjangoto va Tjiuereranyama
Vongwe ya Karukuma ketjo na rire komingondo
Ovanatje vongombe yav' onduwombe kotjikori
Yotjikoti otjinene maamu nozongomb' ozongwao
Ndjaai zung' ozongomb' ozonduwombe nozongombe zazo
Ndji ri ku Kahoro kOmbujokaheke
Oya Kahoro wa Kautui wa Hengombe wa Tjangoto

Kakuva
Oya Kakuva ka Ndambero woya Tjiserandu tjOmukuauti
Oya Hijandato na Hijandjavera yondwezu indji yoviṱupa novikorokota

Maku zu ya munikirw' ekuva rayo Kambeupeua
Komihezatako nozondukanavaenda
A tja: Indjee tu yende ku Tjirambandjara ya
Hijakarukua ya zep' omukandi

Kamuṯati
Onganda ya Kamuṯati oyozongombe
zomukurundu wa Karukua
Tji maze riyanene maze tja: OoKapu' omunene
na ing' omumbanda
Ovakazendu va Kuaima imb' ooina ya Ujaraara
Ku kwa hindirw' ondwezu ya Kavikua ya
Kanavita
Onganda yozongombe zombu kozondjupa
Nḓe hi na mbu kozondana
Ondwa yozongombe tji za za kOvikokorero
Mozohambo za Matundu mOkondjezu nḓa
munikw' omutwa Mahano
Tji maze ya monḓu ya Kaenda
A tja: Mba mun' ozongomb' ozombonde
Nḓa sisir' oruuma komatambo wozondana
Nu hi na kutjiwa kutja za et' ovita poo za et'
ohange
Ozongombe za enda nomuatje wa Kangovi
ingwi Kahaka
Na inyangwe ingwi Kamuṯati
Nu wina omu mwa end' ongomb' ombond'
okorunyo
Indji Kahupavivanda ndja hupa mozongombe
tji za ṯopesa
Ozombonde zomisu nḓa kondw' omuatje wa
Hoke wa Mbetjiura
Oyozongomb' ovikoroon' ovimburumutwe
zovipar' ovikukutu
Tjinga aza ṯokuhungama neyuva

**Kamuzari, Kandjii, Kangootui, Katjijova,
Mbinḓa, Ngujapeua, Seu, Tjetjoo (Otjiseu)**
Oya Rukombo romuwa rwa Mukaatjanḓero
Oya Seu ngwa kwaterwe kongutirwa ya Ndina

Ongozu ndji ha ri na karuuri kozongutirwona
Oya Ndjii wokao kanaa Hange ku yake kandwa
Aka rara kongomb' oina
Ovanatje va Seu, Hijambinḑa yongombe ya
Mungandjo ya Tjongua
Ndja ri nesuzu monyama oondambi
Ovanatje va Kahandura ka Kandjauka
wondund' ombi
Ndjaai ri ongomb' okumana
Omuṉukirwa wa Karukombo ndjaai ha rarukirw'
ondana yarumba
Ee ri ndji ri omuangu
Ondwa ya Hijakaseni ndji ha tokwa nu ndji ha
kondwa murungu
I ri oonung' ondwezu yooTjivi tjomuhona na
Tjivi tjomupurure
OyOmuambo wozohungu ngwa enda pu mbari
ooKanga na Tjipanga
Ovanatje va Kaṉiṉi va Mukaatjimbaru
Ondwa yozongomb' ozombond' ozohungu
zomburumutwe
Ozohetjikupetur' ozombond' ovikoroona
Zovipara ovikukutu aza ṭokutara meyuva
Zomayuru omatarazu aza ṭokurya mondombora
Azeh' omariva ozonḑenḑu
Ozonḑenḑ' ozohungu zozony' ozondaazu
Nḑu maze singw' ombepo
Aze ut' okusuma ooviryo monyungu
Ozonḑenḑu nḑa za kokure tji za kond'
ongombe ya Mauha
Azeh' omariva nu mwa ri imw' otjimbond'
otjikoroona tjonya imwe
Tjonganda ya Kametujama, omuaha oKatjazire
Indji ndji maku zu: Ngomb' oove kozonguṉ'
ozonde
Nḑa tyorw' omukazendu Tjipa na ha oto
Ondwa yozongombe inḑ' ozombonde
nozongonga ozonḑenḑu
Nḑu maze sasanekwa kovipuka vya Kaok'
ondundu

Ndu maze tokerwa amaze ri omikaru
Ndu maze rar' ongonda
Aze rar' oruyendi owerindi amwa hiti orunyokona
Inda nda munikwa i Kamahano wondera ya Katjiundja ya Vikange
A tja: Tjiri hap' ona ovinyatingombe poo ozongombe
Etapat' otjozomburu, omukungur' otjozonyuitji
Tji maze hingwa ingwi ngu noruveze meyo munaa Ngondivi ya Kataura
Ina Kavahivi keyova ngu ma tja: Hinga Kambaurua wovazandu va Katjiungua
Katjiungua ya Mburunga ya Kuvare ngund' ongurova
Ngaze hungam' osemba ya Tjauana
Orutjindo ru nongongounda
Nu tji mave kaenda ve notjimbonde tjonya imwe
Ve nondwezu ya Mukumangua, i ta pombumba nondangarona
Nongomi aya eng' okuzepa otjina

Katjinjaa
Oya Kozohambo zanaa Matundu

Kauandenge
Onganda ya Kauandenge oyotjinde tja Mungira
Tji i hi ya mun' ondana kai mungire
Ovanatje va Hijamberimuna vongombe ya Tjombe tja Mukaandongo
Ohamuningira nandi ya pewa
Ovanatje va Tjikombe
Tjikombe yanaa Muingona ndja kavazerwe kouyeve
A kuzu: Tjikomb' ondana yoye ya koka
Tji ya za ngo ya taurira motjunda tjozondu
Tjozondana atja umbw' omangondo
Ovanatje va Katjivi tjondu ya Mangundu
Tji mai utuka mozongombe Karire wa Vatje

Kavari ka Tjozohongo (Onguramene)
Oya Hijakoruvyo rwanaa Tengua
Ndu ha teng' onyama yokozongand' oningira
Oyovakazona vevari ooKarukua na Kateta
Oya Kavari ka Tjozohongo
Komukandamaser' omirongo e ri pu vi ri

Kazonganga
Ovanatje va Tjikuara tja Karokua
Vozondera zav' ozengi nde ta pomaingi

Kuzatjike, Kazombaruru
Ovanatje va Kakuvandu kongoma ya Muuoo
Ovanatje va Hijakaenda (ee Kuzatjike) womaer' omaraanganda
Nga ura hokuru Mukum' okutora (okunungurura)
Oya Kuzatjike wovingore ngwa enda mozongombe
Ngu ma tjindwa metemb' owomuhona wOngandjera
Omutwezu (Kuzatjike) ngwa rara pOsona Pongomb' otjizorohaka Nanguise
Ondwa maamu rarer' ovanatje va Tjazupi tja Hauanga
Imb' ooKauanda, Muhenje na Tjikuma
Ondwa maamu rarere Tjikuma (erumbi ra Muhenje)
Ondwa maamu rarere Tjomita (erumbi ra Kuzatjike) wa Muhenje
Ondwa maamu rarere Kazombaruru wa Tjikuma wa Tjazupi

Mbunguha
Oya Mbunguha ya Tjitujemba tjongero
Yozongombe za mama Tjinanda tjepaha
Na Nandumbu ya Tjikejama

Muere
Oya Tjirianjama tjongero ya Muhonge

Indji yozongomb' ozohungu
Ondwa ya Tate ngwa zep' omukandi au karir'
owozondera

Muinjo
Onganda ya Hijakavi na Hijatjipandera
Ndji rar' ozondand' omakuva ai na wo
Ondwa yozongomb' ozondorohaka
otjomandongo
Muinjo owa Korutjandja rwa Tuangoma
Ndu pos' ombo netwangoma

Mumbango
Onganda yovanatje va Hijauahakanua
Vongeyam' ondambi ndji rara mondjira

Murangi, Katjekua, Mukuvarara, Nanda, Tjounja (Otjiseu)
Oya Katjekua ka Nanda yomukuva
Oya Murangere (ee Murangi)
Oya Kanga na Tjipanga nu ya za kOkaoko
kOkarundu ka Mbeti
Omangororo ku ye nwa aye rond'
otjozongombe
Nu omai wotukungwini ku ye pingasana
novikoti vyazongombe kehoro romwe
Ovanatje va Mukaangombe vongombe ya
Kapeko
Ondwa yozongomb' ozombond' otjozongoro
Ozombotoon' otjozombo
Zouromb' otjovandu va Njake
Nde tjind' eyuru ari wongo otj' oza Tjikara tja
Karukua
Ovihetjikurara nde rar' ozongand'
ovimbembera
Ozohetjikupetura nde petur' okunyekerera
Ozondendu nda tirir' ombepo komuvya wanaa
Ndjou
Ondwa yondwez' ombonde ya Mukumangwa
kouwoko

Ndji ta povina vivari: oombumba
nondangarona
Ondwez' ombonde ndji tjind' eyuru ari wongo

Muroua
Oya Muroua ya Kandjai
Oya Hijamberimuna ya Mukuandongo
Ohamungira nandi ya pewa
Oya Tjikombe yanaa Muingona
Onganda yomuhona ngwee rihwikike nawa
wanaa Kavari
Oyozongombe za Hijakatumba
Zomurumendu wa Timb' omuzorondu
Wovingore ngwa kaiy' ozombongora

Tjikotoke
Ovanatje va Kaumbiru' ongero
Ovanatje vaingwi ngwa yenda pu mbari
OoKanga na Tjipanga

Tjimbundu (Otjiseu)
Ovanatje va Rukombo romuwa rwa
Mukaatjandero
Oyondjima ya Ndjombo ndji ha rond' omawe
Ozongwao aze rond' omawe

Oruzo rwOrumenḓa

Ozonganda Hembinda
Tjiharuka

Ozondjupa Rukambi
Tjisekiro
Nandjira
Tjijao

Ondwezu Osazu
Ombongora
Ombirizu

Ovizerika Kave tumbu ongombe ondumbu
Kave tumbu ongombe osaona ombwindja
Kave tumbu ongombe ongara (yotuvao)
Kave koro ombwa ondumbu
Oura kau riwa i yovakazendu

Okuhuhurasana Ondanga
Otimba

Omuṱanḓu *Tjiharuka*
Oya Tjiharuka tja Kambindja na Matui wa Ngombe
Ondwa ya za mu Hijamukumbu' ohoni ombinḓe
Ondwa ya za mu Hijakaruvango kombu ya Ndjai
Kombambi ya Tjiueza ya Mukurirapando
Ondwa ya za kozondjir' ozosembaira
Owa nḓu mu yend' omatemba
Ondwa ya za komuti omuyere
Mbu yera owa mbu ri mokuvare

Oruzo rwOsembi (esembi)

Ozonganda
Hangero
Hembapu
Henguva
Jeja
Kaangundue
Kaavara
Kahungi
Kambato
Kandando
Kandanga
Kandonga
Kandoṇi
Kangeitjevi
Karupa
Kasembi ka Tjavanga
Katataiza
Katjatako
Katjatenja
Katjerungu
Katjipuka
Katjiri
Kauapirura
Kaukumangera
Kazapua
Kazuuko
Kuhanga
Kuṯako
Mberijandja
Mbongaura
Mbura
Mukungu
Mungendje
Mungunda
Ngava wa Hembapu
Ngaveteṇe
Tjeriko
Tjihumino

	Tjikaka Tjinape Tjitare Tjiuiju Uamburu Uapingene Zauana
Ozondjupa	Kahengwa
Ondwezu	Osazu
Ovizerika	Ongombe ondumbu Onḓu ondovazu
Okuhuhurasana	Ongwanyimi Ondjiva Ombongora Ongwendjandje Ongwangoro Otimba Okanene Omusema
Omuṱanḓu	*Hangero* Onganda ya Hangero oya Mati Ngairorue Tjizu Kaueza ya Nameva ***Havarua, Kahungi, Kandinda, Kandoṋi, Kasembi ka Tjavanga, Kujambera, Kuṱako, Mungendje, Mungunda, Ngaveteṋe, Tjinape, Tjitaura, Tjiuiju, Uapingene (Otjimungunda)*** Oya Hijatjimanangombe tjondimba ya Mbunga Kaueza wonḓi kotjinyo, ondjai youwoko nu ndji hi na ura Oya Hijakujambua na Hijakujambera kwa Mbambu Ovanatje va Mbita yozonḓu na Mbita yozongombe Va Kangu kozonyanda

Ovanatje va Tjivahe tja Muambanḓe
Oya Hijakatando na Hijanangombe
Ndji mai umb' ondjandjang' omakuva ai na wo
Indji yourambakaṋa
Oya Hijakujambua na Hijakujambera
Ku kwa kayamber' oya Kanjao
Ai ri ondana ya Mutjimba ya Mukaakatoore
Oya Hijangova ombwa ndja rukwa notjirongo
Ai he ri komundu
Oonaa kotuti otuw' otuhorora
Tu tu ri kosemba ya Mukaatjamuandoze
Onganda ya Tjimanangombe tja Kahendova
Wa Muambanḓe wokoya Ndjavera
Ondwa mu ya mu ryanga inyangu Kakori ka
Muangungo
Ngu me riseri nombanda yongombe Kazu
Ondwa maamu rarer' ekururume ra Kati ka
Karorua
Onduwomb' ombond' ozonya porwayo pu pe hi
na mundu
Indi ndi ha kurupir' ozondunge

**Hembapu, Kandanga, Kandoṋi, Katjatako,
Katjatenja, Kauapirura, Mberijandja,
Ngava wa Hembapu (Omarunga)**
Oya Hijakotjimbumba tjozongomb'
ozombaranga
Pu pe ha ri oyamuapi noyangotonya

Henguva
Ovanatje va Hijakaepua kongumba ya Tjiveze
Ovanatje vozongomb' ovind' ovihanuwa noviwa
kozondana
Ovanatje va Hijakotjihoro
Oya Henguva yomutwa wa Kambe ya
Murandura
Murandura wa Tjambava tjomukwauti
Otjirangaranga nomuhivirikwa ngwaa kanda
aza rara kozoina
Ondwa yozongomb' ozonḓorozu nḓaaze ha tir'

ohonga yorukune
Ndwa rara notjiuru tjondumbi ouniorutjindo
Ozosaona zombambo otj'oza Mukaangondjoza
Oviwa kozondana nde nondwezu yazo indji
ombahoz' otjoviwoko
Oyongomb' osaon' orupingena
Ndje riper' ozondana mbari oyayo noyongwao
kOmahek'ondundu

Jeja
Oya Tjirume tja Jeja
Oya Tjiundukamba tjozongoro za Hambondi
Ozombw' ozondondo nde yere monganda
Nu aze ha hunu

Kaangundue
Ovanatje va Hijakorukune rooMburi na Tjimati
Ondwa ndja zire kOsire kondjombo yovanatje
va Kavirombo

Kaavara
Ovanatje va Tjikusere tja Kaueza
Wenga ra Kauhing' etarazu
Nu ndi ha kond' oruvanda

Kambato
Ovanatje va Hijakarungu womukut' ozongava
Ovanatje va Hijakambatoutuku muhuka matu hakaene
Ovanatje va Mati Ngairorue Tjizu Kaueza ya Nameva

Kandando
Ondwa yovanatje va Kandando ka Hijamuhore wa Hijakameri
Wondera youkong' ondunduruke
Oya Hijakonjengerere ya Tjiundj' ombongora
Ondwa yozongomb' ozombambi zotuyera kovinyo

Zovikoti ovinene nḓa kondoroker' okarundu ka Mbeti

Kandonga
Ovanatje va Mukaambongora
Vongombe ya Ngandu ya Hanguṋe
Ndja ri neteyanyo

Karupa
Ovanatje va Mukaamatuka va Kati ka Tjivanda
Ovanatje va Hijakozonjand' ovisembarovazu
Ovanatje va Hijakozondjon' ozosemb' ovirovazu

Katataiza
Ovanatje va Mati Ngairorue
Tjizu Kaueza ya Nameva
Tjiṱunga tjomurinane

Katjerungu
Onganda ya Hepute ya Mbundu
Omaheng' omuhon' okaserandu kouruvi mbu ha riwa
Ayoo ku nouruvi womundu mbu riwa, omukwahere

Katjipuka
Ovanatje va Konjengerere ya Tjiundj' ombongora

Kaukumangera
Oya Kongue ya Kajore

Kazapua, Nguramene, Tjivatje, Uhona
Ovanatje va Kazapua ka Uhona
Va Tjivatje tja Kojao va Tjitambi kongombe ya Mungava
Ovanatje voya Ndarera ya Nameva
Voupuka wepiko mbwa isir' ehozu mokuti
Nau yekuzukura kovipamba vyozondjuwo

Onganda ya Keritukire
Ku ya keritukire, ovakarere ave ur' ondjuwo
Ongand' ondwezu mu mwa zirire Kambazembi
Wondwezu ya Tjihama e i vaza mongombe ya Kauami ondjeo
A tja: Nangwari tji ku za ya tumba
Ya tumba tjiri i nohambo yozondu za Nambuee
Oya Mburukira, Mburikira owa Komukuao
Ondwa yovanatje va Hijakatjizeri vomakorong' ozombawe
Ngung'aye yak' ozondjeno
Ndji ri onyange ya Kaik' otjirumbu

Kazuuko
Ovanatje va Mukaakaroku' ovaenda mba endere menyenyo
Mba kondisir' ozongomb' orutenda naze ha katanana
Oya Kanguma ka Hakuverua

Kuhanga
Ovanatje va Tjikuara tja Karokua
Mba tupukir' ombanda ya Karokua

Mbongaura
Ovanatje va Tjirire tja Tjomao
Ova Hijakorukune rooMburi na Tjimati

Mbura
Oya Mbura ya Mahoz' onditi pendje
Nonene moukot' otjouitji wozonyutji
Oya Tjimbarumba
Ondwa ya Mukaahombo tjimana yorui oruvi
Ndu ri popavi pombango, oina Kaira yondorozu
Ongombe tji ye ya popezu i nevara
Oyoonaa Munietara na Suto
Yongombe ya Nanda ya Mukaandjaramena
OoMukaakaupani yongwe ya Kamambonde
Oveni kave toorere va toor' orumbembera

Mukungu
Ovanatje va Mbinge, Mbinge ngwa ruku Tjiueza
Ova Hijakomuti omumborombong' ozombaṋḏe

Tjeriko
Ovanatje va Hijomuwa, omuwa ngwa muna
Karuuombe
Ovanatje vonganda yokakamba koruteṋi, va
Hauta va Kaevaeve
Ovanatje va Tjikuara tjomaingi omengi
Ousupi mbe ri momuti umwe owa mbu mave
wama
Ovanatje vaingwi wovik' ovitata ngwa tumb'
oukomb' ousupi
Owondjuwo yomukazendu wa Kaunapuuo
Wondjona ya Kandambi kerero
Ondwa ya Tjeriko wa Tjandja
Tjandja wa Tjitundu
Tjitundu wa Tjiuiju
Tjiuiju wa Katjongo
Katjongo wa Mbingana
Mbingana wa Tjouṯuku
Ondwa yozongomb' ozondjandja
Nḏa taura rumwe motjunda tja Kamakupa
Aze i kOsembi naze ha kahuna
Onganda yongombe Kauru onḏorozu ṯukuṯuku
Yozongoyo momurungu tjimun' omeva amwa
umbw' ewe
Kauru yozongoyo momurungu tjimun'
okarombo
Nu yozombaz' ozondarazu tjimun' ombaka
Mai rambwa monganda
Nu mai kaunaunina kongotw' onganda

Tjihumino
Ondwa yozongomb' ozohaka
Nḏa katey' omuti orupapa kongombe ya
Tjambur' orupera
Oza Hijakonḏonḏu
Oza ina ya Mburuta

Tjikaka
Ondwa yozongomb' ousaona weryango
Nd̠e is' ehozu mokuti aze yekury' ehozu kozondjuwo
Ozondwezu zovikoti vyozohonga, omuniazo u yan' ovakweyuva
Mave nyinganyinga mezum' otjomuvena
Ooina vangwaa ri oke na kaningira komukwao

Tjinape
Ovanatje va Kangu kozonyanda
Va Hijakovakurukaze mbaave t̠end̠un' otjipo
Ngurova ave kanikora

Tjitare
Oya Hijakat̠it̠i womainya wa Kaembimbo
Omaw' omatekainya nge ri ku Kauakurupa

Tjiuiju
Oya Tjiuiju tjepaha
Hijangora ya Kauteke

Uamburu
Onganda ya Uamburu oya Mbeninga wa Hengombe

Zauana
Onganda oya Kut̠uua
Oya Kond̠omuinjo
Oya Kamuraere wa Zauana
Onganda i yan' ovakwahere
Ondwa ya Nangombe ya Tjomaihi na Nangombe ya Kavitaura
Oyovahon' ovakoto vozondovazu ooHijambimbo ya Mukaangandja
Ondwa yozongomb' ozond̠end̠u nd̠a za mu nomukazendu wa Konjange
Oyovahona vozondovazu voya Nangombe ya Handungu
Ina ya Tjihapa tjozondjou

Ovanatje va Tjomeva wa Mujarure ya Kanjandi
Koya Kombani yoruvar' ovandu ku va is'
ourenga
Ondwa yozongomb' ozombambi zotuyera
kovinyo
Oyozongombe inḓa nḓa sir' ondjombo yaz'
ovineya kEundo koya Muangu
A ze tja: Maze kanwa kOvingi mbi ri
Karangarange ya Mbute ya Mukaaketanga
Aze wana na Kambanga wosengo yondwezu
Nu tji ma raere Tjovike a tja: Omeva kae ko
kOvingi
Aze kanwa kEundo

Oruzo rwOtimba

Ozonganda	Maundu
	Hikuama
	Rukongo
	Tjipuiko
	Tjiraso
Ozondjupa	Tjivandeka
	Rukambi
	Tjapuena
	Nawanga
	Kahengwa
	Nauzere
Ondwezu	Osazu
	Ondaura
	Ondimba
Ovizerika	Kave tumbu ongombe ondumbu
	Kave tumbu ongombe onguze
	Kave tumbu ongombe ongara-rumbu
	Kave koro ombwa ondumbu
Okuhuhurasana	Ondanga
	Ongwendjandje

Omuṱanḓu

Maundu, Hikuama
Onganda ya Maundu ya Hikuama na Kazondjira zeyuru
Nḓe tjiukwa i Ndjambi na Karunga
Oyovanatj' ovakazon' ovandjava
Otjozongombe zavo imba vomiṱuu ovitoto
Vozongorotim' oturamba

Rukongo
Ovanatje vatate Muhanje wokoya Ruṱuta
Oya Kaombo kozondeṇi
Kozomboo zomeva nandi maze rokwa
Oya Hijatjituesa wondjuwo ya Nauanga

Oya Rukongo rwa Kaparara komurumendu
Ngwa twir' omukova kehi yonyung' otjipo e hi na ndjara
Ondw' onene ndja za kovirongo vya Kateta
Imbi oviṯuru mbya tara kokuvare

Tjingee
Oya Tjingee tjongero Kasengo komurimange
Yovandu vozongunduzumo mbaave yana kOtimba
Ondwa yotimba nokarombo

Tjiraso
Ovanatje va Hijamujoro
Ova Hijauaṯu
Oyovatwarumbu ndja ri novatwa nooKatjihira

Oruzo rwOtjihavirya

Ozonganda Handenge (Ngunuonḓukua)
Hange
Hoveka
Hungua
Kajau
Kamburona
Kandapaera
Kangunḓe
Karumendu
Karuuombe
Kavaka
Kavari ka Rukombo
Keeja
Makari
Ndjavera
Ngavee
Tjamena
Tjirimuje
Tjituka
Tjozongoro

Ozondjupa Kahengwa
Nawanga

Ondwezu Osazu

Ovizerika Ombwindja

Okuhuhurasana Ondanga
Ohambandarwa (ohambondarwa)
Ohorongo
Otjitjindwa

Omuṱanḓu *Handenge (Ngunuonḓukua), Hange, Kandapaera, Keeja, Makari, Ndjavera, Ngavee*
Ovanatje va Tjeruka va Seinina
Yanaa Mbute na Rukomba rwanaa Ndjima
Ovanatje va Ngunuonḓukua (Handenge)

Omuwa womakum' omunwe wozondukwa
Oya Ndjavera yonduwombe imw' ombaranga ndji ri komuti otjipo
Ovanatje vongombe ya Tjihoto na Ndjoura
Ovanatje va Hange wa Ngavee
Ovanatje va Hijakoutengarindi mbwaau teng' okutemunwa
Nau kasenina nombav' ondeu
Ondwa yozongomb' ozosaona zovikoti vyozohong' otjozonduno
Ze nwa aze rond' otjozongoro
Ind' ozondend' azeh' ozonene zomitjir' otjazenga
Za zire mu nomukazendu wa Karambi woningire ya Mutunda
Maze ri kokure kehi ra Zongoto kongombe yoonaa Kotjimbi
Yoonaa Murambangomb' ovihanyama
Ndu maku zu werewere nu kaze na kunyama
Oyozongomb' ozondendu zooNambahe na Nangoma
Oyozongombe za Katoma ka Mukuenandjamba
Nda za muno momukazendu wa Karambi
Ina ya Hoveka wongwe yanaa Ruvanda
Ozovikoti vyozohonga nda za kOkamatupa
Ozongwao aza za kOkarundu ka Mbeti
Ku ka umb' ombunda mezeva

Hungua
Oya Tjamena tja Karuuombe komuvangarutjindo
Tate ngwa tonder' omaze
Na kasuver' ozongombe
Okotjikori ngwa kondis' ovanatj' onyange ya Hijakandema
Omeva aya suru aya teki pozondundu

Kajau
Oya Tjihoto na Ndjoura
Oya Senina ya Mbute

Kanguṇḓe
Ovanatje va Hijakuuheri wokaaha komaze
Koonaa Munjekua ku ke ha ṱuninwa oombinḓu na ura
Ovanatje va Hakai ondjandje
ngwa yandjer' onyama kovakazona ave ha yenene
Ave kayenena kongombe ya Mukaangandjera
Ovanatje vozongomb' ovihapandekwa
Ondwa yondwez' otjiserandu Mukuahengua
Ya rara kombweya ya Rukombo, mai i kepaha ranaa Maviro
Ya kamwin' okaruuma kozongombe za
Mupundje ngwa temisire Kambandi kuyakura
Kaseua ya Mukuanjimi korukwana

Karumendu
Ovanatje va Hijakaurora
Ovanatje va Tjikomba wongwendjerumbu

Karuuombe, Tjamena
Onganda oya Karuuombe ka Tjiriamahu
Oya Hijakotjitutukuṇe tji tji yaka kuvari oomuise norururumo
Ondwa maamu rarere Tjamena tja Karuuombe
Ondwa yozongomb' ozonḓorotaura
Nḓe nozongunduw' aza tova
Nḓe nongombe ya Tjamena tja Karuuomb' onduwombe yokakori
Ndji mai nana tjokomurungu tjokombunda atji sewa nao
Oyozongomb' omapenda zomaṱup' omakukutu
Nḓa katey' omuti orupapa kongombe ya Tjambur' orupera
Omuti au ha riwa
Za kaza kokure kOtjizingue kondjuwo ya Kasari kozonongo
Ondwa i yan' ovihekuta vya Murora vya Rukombo
Ovirya mbi ye kekuta kOndjambo

Oongamba ya Kavari na ngamba ya Tjombe
Ovikururume mbya kurup' ozongoro

Kavari ka Rukombo
Oya Komboro ya Seua
Oya Makure ya Maṱupa ya Mbotoona
Onganda ya Kavari ngu ri kongomb' onḓine nongonone
Komuatje wa Kahekemo koviṋa vya Kamberipa
Oya Kavari ka Rukombo, tat' otjihaumbwandende
Ondwa yondwez' osaz' okozohonga
Ndja urir' ovandu vozondjimb' okupinda kongav' onweya

Makari
Oya Koukaku na Tjara
Oya Ndjavera wa Ngunuonḓukua

Hoveka, Kamburona, Kavaka, Tjirimuje (Onganda ya Tjimana)
Onganda ya Tjimana tja Ndara yomukwahere
Oya Kangura ka Haireka
Ovanatje va Kaeru ya Ngurira ya Tjitanga wanaa Muhiva
Ovaenda mba zire kOmambonde koṋenge ya Nanḓu
Oya Karambi yoningire ya Mutunda
Oya Hoveka wongombe ya Tjitambi oheverere
Oya Nangatie wondwezu ya Mauano ya Tjikombombonde
Oyomuhon' okorukwamo ngwa rambuka
Ozongombe moyao aza kwata
Ingwi ngwa twar' ovandu kEpukiro kongwe ya Kajore
Oyomuhon' orupara ngwa kakutur' oviwaṋa kOkaoko
Oyomuyend' onḓera ngwa kais' omuinyo kehi ronḓetu nomungunda

Ondw' onene maamu rarere ingwi wombarata kotjinyo
Ngwa kwaterwa kozongombe za Tjeja ya Urora tja Kongange
Omuhong' orukozo ngu ha ningire nu ngu ha rokoha
Ondwa maamu rarer' omiṯiri okovimana momurungu
Onganda yonduwombe Kasazu koruny' okotjihongwe
Indji ohaondjozere ndja hongor' orutjindo rwa Pukiro
Ondji ri yo ndja tir' ovisume mOkounduve
Mongombe ya Nden' omeva ai ha nu
Nu ngurov' orutjindo ai kahira kOmukuruvaro
Kongombe ya Tjindere tja Mborongaṇ' ohinamuteṇa
Kasazu korunyo ndja enda morutjindo rwa Pukiro
Pu na Kahumba (ovirongo vi na otoina) yonganda ya Tjeja
Pu nongombe ya Kaihorere ya Tjivitjao
Na indji onguzu yovanatje va Tjituka nozongwao

Tjituka
Ovanatje va Tjituka tja Kaira komuhoni
Onganda mai rirwa na Tjituka wanaa Ndjoura
Korutjandja wanaa Ndjoura, Nguati wanaa Ndjoura
Seraue yanaa Ndjoura yondwezu ndja urir' ovapinde
Kongombe yanaa Mbepera
Ku mai kamburirw' okuwoko nokurama
Ovanatje vanaa Ndjoura
Ovanatje vovandu mba konder' orutjandja rwovimburu
Ndu ri ongwe ya Kazauana
Nu imb' ovandu ave tja: Muatj' ongombe yesee i kare

I undj' omukazendu wa Tjimunina ina ya
Kamboo
Ovanatje vovita vya Kaupasaneua wongangura
ya Mukaatjingovi
Mave tja: Umba nu umba nawa Kaupasaneu'
ovandu ve nomuinyo otja ove
Ovanatje vovita vyekuva ra Tjipuiko
Oya Tjituka tja Tjanḓero wa Muhoni wa Mbambi
wa Hakai wa Tjitjindua

Tjozongoro
Ovanatje va Katjo va Tjihapa tja Ndjoura
Ovanatje va Kambeja ya Musirika
Musirika wa Mbemba ya Jaija wa Mukaaketanga
Ovanatje va Hijanandjambi vongombe ya
Katuriku' ohaka
Musirika ngu ri kOtjimuti tjozondeo
nozongwiny' ovitau

Oruzo rwOtjindembwe[13]

Ozonganda Rukuma

Ozondjupa Tjipanga

Ondwezu Ombonde
Ongongoro

Ovizerika Kave ri ongutirwa (ongombe onane)
Ovakazendu kave ri etumbo
Ovakazendu kave ri engoti
Ovakazendu kave ri oura
Ovakazendu kave ri ozombati

Okuhuhurasana Ongwatjiya
Ongweyuva

Omuṯanḏu *Rukuma*
Oya Rukuma rwombutji[14] ya Komuingona

---

13 Oruzo rwa za mongweyuva.
14 Ombutji oundandi poo ourangaranga.

Oruzo rwOtjiporo

Ozonganda Jamuine
Kaaheke
Kaevarua
Kahee
Katjinamunene
Kaveṱuna
Kazeundja
Korujezu
Kozosi
Kuaima
Kurangera
Mavenjono
Mbaha
Mbasuva
Mbuti
Riruako
Tjijombo
Tjikuirire
Tjitombo
Uahupirapi

Ondwezu Ombambi
Onḓorovambi
Ongange

Ovizerika Ongombe ondumbu
Ongombe onḓorotaura
Onḓu ondovazu

Okuhuhurasana Okanene
Ongweyuva
Ondjiva

Omuṱanḓu *Jamuine*
Oya Tjikuirire, tate ndjinga yovita na ndjinga yorutjindo
Oya Ruzinga wa Tjitana Tjeembutji

Ondwa yozongomb' ozombambi zotuyera kovinyo

Kaaheke
Oya Tjikuirire tja Kaharahozu ka Muambingana
Tate ndjinga yovita na ndjinga yorutjindo
Oyorutjindo ndwa za kOkomakutu kongwe ya Kombango
Aru yende na Kaoronga wozombwa za Ndamanga
Za Tjipuik' omuvinda (omumuho)
Ondwa yozongomb' ozombambi zotuyera kovinyo
Kehi razo kOkomakutu kongwe ya Kombango
Oukange wepiko nḓu maze is' ehozu mokuti
Aze yekurya kondjuwo yomukazendu
Omukazendu Kangaṱe wa Tjatindi Inaonganda

Kaevarua, Mbasuva, Kozosi
Onganda ya Kaevarua ka Ruzinga
Wa Tjitana Tjeembutji wa Manomengi nga ruka Kuvare
Ovanatje va Tjikuirire tja Kaambi ka Harahozu wa Muambingana
Tate Hijaoronga, ndjinga yovita na ndjinga yorutjindo
Ovanatje va Kavizo kozohim' ozondwite
Ku ze yenda nu ku ze ha kayambera

Kahee
Oya Hijakatjaŋi
Kahee wovihakondwa vyomeva mbi ri ombanda ya Kandjoze
Karangarange ya Mbute
Kaningire ya Mukaaketanga
Tat' omuingona ngu ri kOkandjoze kozombwa za Karitjita
Ozondumewa zozombwa
Nḓe ha ri seranyam' ozombw' ozongwao aze ry'oseranyama

Kurangera
Onganda ya Kurangera oya Ndjai yozongombe
Ndji he ri ndjai yamiti kuzepa
Onganda ya Korukongo rwozombwa
Oya Muvi muzoozu wozongominya za Katjisemo
Oya Tjaimba tja Hijakozondume

Mbaha, Korujezu
Oya Mbaha ya Kakupu ya Mbemba ya Jaija
Ya Tjijorokisa tja Muharua
Ondwa yozongomb' oukange zepiko
Nḓe is' ehozu mokuti
Aze yekurya komakuma wozondjuwo
Ze yekury' ehozu kondjuwo yomukazendu
oKangaṱe wa Tjatindi

Mbuti
OomozooMbuti na Katjimba
MozooRupembo na Muahange mozooMarindi na Tjituka
Ongand' onguru ndja za kOmazungazungiro kotjinḓe tjomuhama
komuti wa Tjozongombe wa Ndoṋi wa Nguautu
Omuwa novitjuma owa mbwa kaiy' ozombongora
Ongand' ongur' osyona nu ndji ha kaningira
Ohatetw' omakura tji ya tetwa muhuka mai tete
Tji ya yorwa, muhuka mai yoro
Ndja zire kOmueumue mbu ha kwata mbu ha ri namize

Riruako, Kuaima
Oya Kuaima wa Nahama
Oya Kuaima komuhoni omunaa Rumburo rwa Mutambo
Oya Hijakamuvaza wozonganda mbari ooya Muzuma noya Tjirongo
Oya Tutonderumbi
Ondwa yozongomb' ozombambi zotuyera kovinyo

Nḓe is' ehozu mokuti aze yekurya kozondjuwo
Ozorutjind' orukuru rwooKakuru na Kaaja na
Tjapu na Tjikongonona
Ondwa maamu rarer' omuatje wa Komuhoni
wozongak' omakura
Omuyanwa na ina wa Kavikua na Kamana
Omuatje womukazendu wa kongombe ya
Kauandond' otjipanga
Ingwi ngwa kwaterwa kongoro ya Kameri
ondaambe nongorona
Ingwi ngwa zikirwa kOkahitua kovanatje va
Nang' ovare
Ingwi ngwa ri pOvaherero a katurisa mOngama
mondwezu ya Hangue
Ndji mai kondjo novitundu owa ndja
kaiy'ozongombe
Nu muhuka a kaet' ozombamba zoviuru kehi
rOvandoitji

Tjijombo
Onganda ya Tjijombo
Oya Tjikuirire tja Kaambi
Oya Kaipombora
Tji ya pombora iyeta otjingorona
Oya Tjijombo tja Mahuue tjomuti wa Tjipanga
Imbwi mbwa rukirw' otjiwondo
Ondw' onene ya Tjijombo wa Kazeundja
Kazeundja wa Tjikuirire tja Kaambi
Kaambi ka Kangombe wa Karahozu (Harahozu)
Karahozu ka Muambingana wa Vakuru
Vakuru wa Kaata ka Muarukunde
Muarukunde wa Tjiporo tja Tjipanga

**Tjikuirire, Katjinamunene, Kaveṱuna,
Kazeundja, Mavenjono, Siririka**
Tjikuirire owa Kaambi wa Harahozu wa
Muambingana
Tate Hijaoronga, ndjinga yovita na ndjinga
yorutjindo
Ee ondjinga norutjindo wooMbungu na Ndjoura

Wotjiteo tja Ngava na Tjiteo tja Kandjou
Ngwa hing' ozongombe zatate aze kanwa mOngariva
Muhuka aze i keyuru kongombe ya Katjiteo kouye wa Tjawana
Aka kotora kOvingi mbi ri Kandjoze
Oya Tjikuirire tja Kaambi ka Kangombe wa Kaharahozu (Harahozu)
Kaharahozu (Harahozu) ka Muambingana wa Vakuru wa Kaata
Kaata ka Muarukunde wa Tjiporo tja Tjipanga
Ovanatje va Kautjatatu pomund' outjavari ngwa kapita
Ovanatje va Hijasuva
Ondwa maamu rarere Kazeundja wa Tjikuirire
Ovanatje vozongomb' ozombambi zovikoti omarindi zozondovi kozombaze
Ozombambi zovikuvanyo otjozonganga nḓa kururw' omatjeza
Nḓa zemburukw' omukazend' omuzekande
Wina inda nḓa zemburuka Nanḓa wamukaza Ndjaramena
Ozombambi zomazorovango otjozondjou
Zotuyera kovinyo nḓa teza Kaoronga kozombwa za Tjihuiko ya Ndamanga
Aze kazemburukw' omukazendu wa Mbindja ya Kauta
A tja: Mba mun' ozongomb' ozombambi
Ze nozohura komatwi otjooZomboko nooKaparanga
Muhuka aze kazemburukwa' omukazendu wa Matundu kohungu ya Tjizika
Indji ya Kaviko ka Ndaura ya Ukuejo
A tja: Mba mun' ozongomb' oukange
Ze nozondja kozondam' otjovasuko vOvambo
Oukange wepiko nḓe is' ehozu mokuti
Aze yekury' ovipapu kondjuwo yomukazendu
OKangaṯe wa Tjatindi tja Kakero
Ondwa yozongombe zooKauiju na Murandura
Wa Tjokohambo wondjupa yoruyambo

Ndji ha nuwa i ngamwa mundu
Nḑa hingwa i yomuini ingwi wooKavereko na
Tjiuezira nomuteng' omure
Ee omuini Tjikuirire omuzandu wa Hijakaambi
Omutwezu ku va kaambera nozongombe

Tjitombo
Ovanatje va Tjitombo tja Ndjaramena

Uahupirapi
Ovanatje va Hijaruhozu tat' omuhona
Ndjinga yovita na ndjinga yorutjindo
Ova Kaoronga kozombwa za Ndamanga
Ovanatje vorutjind' oruyenda ndwa zire
kOkomakutu
Ondwa ya Uahupirapi wa Kamuti ka Kaevarua
ka Ruzinga

Oruzo rwOtjitjindwa

Ozonganda
Kajovi
Kaputuaza
Katjirua
Mbuende
Muariaṋi
Tjeja
Tjiramba
Tjiroze
Ṱuneeko
Ukareraṋi

Ozondjupa
Mahuno
Kambo
Tjijao

Ondwezu
Osazu
Ombambi

Ovizerika
Kave tumbu ongombe ondumbu
Kave tumbu onḓu ondovazu
Kave tumbu ovinamuinyo ovihungu
Kave ri ombwindja
Kave ri eraka
Kave ri ovinamuinyo mbi nyama

Okuhuhurasana
Ohorongo
Otjihavirya

Omuṱanḓu
Kajovi
Ovanatje va Hijavepi vondwez' ondonde
Ovanatje va Hakai ondjandje
Tate ngu ya yandj' onyama yomeva ndji zera
Aa yandjere kotjunda konḓu ya Mukaakauta
Ondwa yozongomb' ousaon' ouhakandwa na tupera
Ozonḓenḓu nḓa za mu nomukazendu wa Komunguinḓi ombaze
Mbu ri ombanda ya Kamuaruman' orupera

Oumbonde zovihako nḑa kamuniku Karuhoni
kouta wa Mukaambimbo
A tja: Mba mun' ozongomb' ozonduwombe
Tji za sekama kombahe kOtjizumaue

Kaputuaza
Oya Kaputuaza ka Mbuende yoruwe ndwa tena
Tjirongo
Onganda ya Hijakoutundu mu va hit' ave pama

Katjirua
Ovanatje va Tjomeva tja Mujarure ya Kanjandi

Mbuende
Oyovanatje va Mbuende yoruwe ndwa tena
Tjirongo
Onganda ya Hijakoutundu mu va hit' ave pama
Ovanatje vongombe Tjipumb' onḑorozu ndja
urana momayo
Ovanatje vozongomb' ozomboro, omayova
otjovandu vazo
Nḑe pendukir' okutara, nḑe ha pendukir'
okurira
Ondwa yanaa ngu ha rowa
Ngwa kwaterwa kohambo ya Kambize
yozongomb' omao

Tjeja
Onganda ya Tjeja tja Urora ya Kongange
Oya Hakai ondjandje
Ngwa yandjer' onyama yomeva kovanatj'
ovakazona
Oya Hijavepi yondwez' ondonde
Wamuari Kambe wamwa Tjiṱu
Wamwa Tjimana wozongorona za Kuvare
Ovanatje vozongombe za Kapapu ka
Kanangutirua
Ozonḑenḑu nḑe ha kandwa na tupera
Ozonḑenḑu inḑ' ozombwa kovikoti nḑe sekiris'
ovaenda

Onganda yozongomb' ozombambi zovihako
Nḓa kamuniku Karuhoni nongoro
Za katir' otjizumawe kondjuwo yomukazendu wa Kotjikombo
Oyo ndji yovasupi ovakang' ozonongo owa mba kondwa kovini
Oonaa Nangombe ya Tjomaihi na naa Nangombe yamwa Tjitaura
Ondwa ya Tjeja wa Muhoni wa Mbambi wa Hakai wa Tjitjindua

Tjiramba
Ovanatje va Hijavepi vondwez' ondonde
Ndji mai rond' ozongombe nosengo
Ovari va Nameva ya Tukuta ya Kamaso
Ongombe ya Tjiramba tja Tjiurua tja Tjikarakuti
Tjikarakuti wa Muhoni wa Mbambi wa Hakai wa Tjitjindua
Oyonduwomb' okakoze ndji mai hungam' omutumba wa ngamwa tjirongo
Ondwezu ndja kwaterwa kEundo kongwe ya Muangu
Ya katir' ombepo pokarundu kovineya ku ke ri ombona ya Mukaangakare
Ya tond' omeva mondjombo yavanaa Ndando
Ai tja: Ya nuw' ozondjima mai kanwa kongwa yayo kongwe ya Muangu
Mai tja: Mbandumbandu aayo i novikoti vyongoro
Ondwa yozongomb' ozombonde zovihak' ovikoto
Nḓa kond' Okanangendje, ondjuwo yomukaendu wa Kotjikombo
Nḓa muniku Karuhoni nongoro

Tjiroze, Muariaṋi
Ovanatje va Tjiroze tjonganga
Ondwa yozongomb'ozonḓenḓ' ozongonga zovikoti ovinene
Ozonḓenḓu nḓe ha karya uṯuku

Ozondendu zondwezu yaz' onde
Ndjaai pwey' omaso komband' omatambo wozongwao

Ṯuneeko
Onganda ya Kaṯuneeko wokarumendu kanaa Ndjere
Ku yake hing' ozokombunda zokotjiuru
Aze nyinganyinga aayo ze nongutirwona

Ukareraṋi
Oyovanatje vanaa Tjurura vongomb'ombimb' ondemba
Ondemba yooMukaakahange
Ovanatje va Tjaimba wa Hijakozondume
Vozongomb' ouhengwa nde hi na ndukwa nawa

Oruzo rwOvikoti-ngwatjindu

Ozonganda Katjangua
Vindina

Ozondjupa Tjisekiro
Mwatjikaku

Ondwezu Ondumbu

Ovizerika Kave ri oruverera

Okuhuhurasana Omakoti
Okasama

Omutandu *Katjangua*
Oya Kondiuo wa Hengu' everi rorutjindo ya
Tjizu na Tjombe
Wongutirwa ya Nambaru
Oya Hijakomumborombong' ozombande
Mbu ri ondera ya Katjitjaor' omainya
wokomband' erindi
Ondwa yozongomb' ozondumbu zomarira
komeho
Ndu maze riri monganda amu ha tir' omundu
Tji mwa tomundu aze teme
Ozondwezu za Tjikuma tja Hevita ndu maze
hun' omutwa
Ngu me ze teza e ri nda pandjara

Vindina
Onganda yozongombe za Katj' ozombapa
tweetwee
Nde ya moruuto rongwe ai yoro
Aze hara okuwotama, ombura ai roko Ketaneno
Kondjuwo yomukazendu wa Kotjikete
Ze yan' ovakazend' ovakwahere
Ovahona vozond' ovakoto vozondovazu
OoHijangatjite na Hijangatjikare
OoKatjeruka na Kanauanga

Ozomburo / References

Gibson, G.D. (2009). Double descent and its correlates among the Herero of Ngamiland. *American Anthropologist*, Vol. 58, Issue 1, 28 October 2009, Wiley Online Library.

Heywood, A. and Lau, B. (1987). *The Mbanderu. Their history as told to Theo Sundermeier in 1966 for the MSORP (Michael Scott Oral Records Project)*. Windhoek: MSORP.

Kamupingene, T. K. 1985. *Ozondambo za Tjipangandjara*. Windhoek: Gamsberg Macmillan.

Kaputu, J. (2017). *Ondangere Uataviza Kamuaruuma wOngwendjandje: Omaraa wa Ndjambi kooTate*. Namibian Broadcasting Corporation Otjiherero Radio Service, Windhoek (Aired at 21H15 on 15 May 2017).

Kaputu, J. (2016). *Ondwezu: Omaraa wa Ndjambi kooTate*. Namibian Broadcasting Corporation Otjiherero Radio Service, Windhoek. (Aired at 21H00 on 1 June 2016).

Kaputu, J. (1989a). *Ondanga: Ovirumatwa Ovipwikwa Kovanatje*. Otjiherero Radio Service. (Cassette Recording Ref: K89/655), National Archives of Namibia. Windhoek.

Kaputu, J. (1989b). *Ozosembi: Ovirumatwa Ovipwikwa Kovanatje*. Otjiherero Radio Service. (Cassette Recording Ref: K89/654B), National Archives of Namibia. Windhoek.

Kaputu, J. (1989c). *Ozombongora: Ovirumatwa Ovipwikwa Kovanatje*. Otjiherero Radio Service. (Cassette Recording Ref: K89/432A), National Archives of Namibia. Windhoek.

Kaputu, J. (1989d). *Ekoto, Okanene, Ongwendjandje: Ovirumatwa Ovipwikwa Kovanatje*. Otjiherero Radio Service. (Cassette Recording Ref: K89/307), National Archives of Namibia. Windhoek.

Kaputu, J. (1989e). *Ozohambandarwa: Ovirumatwa Ovipwikwa Kovanatje*. Otjiherero Radio Service. (Cassette Recording Ref: K89/431A), National Archives of Namibia. Windhoek.

Kaputu, J. (1989f). *Tjaveondja na Metirapi. Ovirumatwa Ovipwikwa Kovanatje*. Otjiherero Radio Service. (Cassette Recording Ref: K89/308B), National Archives of Namibia. Windhoek.

Kaputu, J. (1989g). *Hikununa: Ovirumatwa Ovipwikwa Kovanatje*. Otjiherero Radio Service. (Cassette Recording Ref: K89/308B), National Archives of Namibia. Windhoek.

Kaputu, J. (1989h). *Ohambandarwa: Ovirumatwa Ovipwikwa Kovanatje*. Otjiherero Radio Service. (Cassette Recording Ref: K89/431), National Archives of Namibia. Windhoek.

Katjangua, N. (2016). *Otuzo: Okakoyo*. Namibian Broadcasting Corporation Otjiherero Radio Service, Windhoek. (Aired at 20H00-21H00 on 26 July 2016).

Kavari, J.U. (2013). *Omiano vya Tjipangandjara: Otjiherero Proverbs and Idioms*. Windhoek: University of Namibia Press.

Kavari, J.U. (2002). *The Form and Meaning of Otjiherero Praises*. Köln: Rüdiger Köppe.

Kuvare, S.U. (1977). Die Kaokoveld-Herero. In Sundermeier, Theo, *Die Mbanderu* (pp. 187-258). Sankt Augustin: Anthropos-Institut.

Mburo Mukonge. (2012). *Otjihimangongo*. Windhoek: Macmillan Education Namibia.

Vivelo, F. (1977). *The Herero of Western Botswana: Aspects of Change in a Group of Bantu-Speaking Cattle Herders*. St. Paul, MN: West Publishing.

Ovayandje / Informants

HAKURIA K., Ehungiro, Otjinene
HAMBEKA Rihungira, Okonja, Otjinene
HAMBIRA C.K.
HAMBIRA N.
HAMBIRA Oscar, Otjombinḓe
HAMBUREE Kapitire
HAMBUREE M., Okamapuku, Erongo
HANGARA Jeomba, Ongongoro, Okotjituuo
HANGARA Kristofine Karambi, Otjitundu, Epukiro
HANGARA Rahuurua, Ongongoro, Okotjituuo
HANGERO Tangee, Okasaira, Epukiro
HANGERO Tjizameuva Siki, Kalkpan, Epukiro
HANGERO Uavanga, Otjimanangombe, Epukiro
HANGERO Vaavii, Eiseb Block
HARIRE Kaiko, Otjekua, Okaoko
HARTLEY Monica, Oruvandjai, Okaoko
HENGOMBE Tuzuvira, Otjovengi, Otjinene
HENGUVA Urota, Otjozondaambe, Otjombinḓe
HENGUVA-HENGARI Ngatuundje, Aroams, Aminius
HEPUTE G., Oukongo, Okaoko
HEPUTE Jonas Uezeturisa, Okapembambu, Okaoko
HEPUTE Kazera, Ohamuheke, Okaoko
HERUNGA Kapitama, Okahua, Okaoko
HERUNGA Papu, Otjipoko, Okaoko
HERUNGA Uapanḓerajo, Okaoko
HERUNGA Verimbo, Ondatu, Gam
HIJARUNGURU Ngurimuje
HIJATJIUA Isabina
HIKUAMA Ben, Okomumbonde, Epukiro
HINDJOU Uakurama, Orunahi, Okakarara
HOKO Nduezu
HONGA U., Otjihitua, Otjinene
HONGONEKUA Adam, Ekuenje, Okondjaṱu
HOVEKA Asnat Katjikaru, Ovituuua, Epukiro
HOVEKA Karotua, Otjinoko, Otjinene
HOVEKA Turimuro, Ombujonganga, Epukiro
HUKUNUNA Kamavesora, Epata, Otjinene

HUKUNUNA Venazo, Otjombundiro, Epukiro
HUMU Urikombango, Okaoko-Otavi, Okaoko
HUNGUA U.V., Okavare, Okaoko
JAEZURUKA Meriam, Okahandja, Otjozondjupa
JAKURAMA Simson
JAUA Stellar, Otjondeka, Okaoko
JAUA Vemuna, Otjondeka, Okaoko
JEJA Kamaatu, Omatjete
KAAHANGORO Mbamunondjamo, Otjinene
KAANGUNDUE Kuzeue, Ozondema, Okotjituuo
KAAPUHU Uakamburuavi, Gam
KAATURA Hijakamahi, Otjimanahakane, Otjinene
KAATURA Uazuvara, Otjimanahakane, Otjinene
KAAVARA Vemunavi, Okomboha, Aminius
KAEVARUA U., Otjomuise
KAHEE Panii, Otjimati, Epukiro
KAHIMUNU Kaambere, Otjimanahakane, Otjinene
KAHORO Victor, Omatupa, Okakarara
KAHUURE Edith, Ovinjuru, Epukiro
KAHUURE Jajapeke, Omaueuozonjanda, Epukiro
KAHUURE S. Otjombinde
KAHUURE Uaandja, Okahitua, Okakarara
KAHUVA Alex Jozikee, Okeruru, Aminius
KAIHIVA-MURIAMBIHU Katjauana, Okatako, Otjinene
KAINDJEE Batseba Kauhona, Ovituuua, Epukiro
KAINDJEE Likius Njanja, Ongootura, Epukiro
KAINDJEE Siegfried Kandukarue, Ovituuua, Epukiro
KAIRI Kavejamua, Omaruru, Erongo
KAISUMA Aine, Ohamuheke, Okaoko
KAJOVI Mujenda, Ovituuua, Epukiro
KAKAVIRE-KAZONDUNGE Kaitindirua, Bella Vista, Otjombinde
KAKERO Ngasuve, De Hoek, Otjombinde
KAKUJAHA Nguhinatjo, Oukango (Farm Skakels), Epako
KAKUVA Ngarikohoke, Otuvero, Okaoko
KAKUVA Uetjivaza, Okaoko
KAMARENGA Soul, Otjiwarongo, Otjozondjupa
KAMATJIPOSE Botha R., Okombomi, Epukiro
KAMATJIPOSE Kandonga, Okombomi, Epukiro
KAMATJIPOSE Mbahahiza, Okombomi, Epukiro
KAMAZE Kamaaripu Mbongora

KAMAZE T., Otjovengi, Otjinene
KAMBATO Kuiri, Okatuuo, Epukiro
KAMBATO Marietjie, Okatuuo, Epukiro
KAMBATO Vezemba, Okatuuo, Epukiro
KAMBERIPA F., Kungas, Aminius
KAMBERIPA Karau J., Okungas, Aminius
KAMUSUVISE Justice Kamusuvise, Omapumba, Okondjaṱu
KAMUSUVISE Unapo, Okomungondo, Okamatapati
KAMUṰATI Tuarinovandu, Omangete, Gam
KAMUTINDI Tjirimejo Albert, Okeruru, Omongua
KAMUTUEZU Venaaṋi, Otjijere, Otjinene
KAMUVETE Zedekia, Otjozondema, Gam
KANDANDO Adam
KANDENGE Unaaṋi, Otjomuise, Khomas
KANḌETU Star-Clency Kauamuno, Otjijarua, Epukiro
KANDIIMUINE E.K., Okaepe, Okakarara
KANDIIMUINE Kakii Uaetua, Okakarara
KANḌIRIKIRIRA Tjiritja, Otjiwarongo, Epukiro
KANDIVI Daniel Vapumbura, Omuṱirapo (De Wet), Okaoko
KANDIVI Uahondjera, Otjomitjira, Okaoko
KANDJAI Ndangere, Gam
KANDJAI Roswitha, Mooiplaas, Gam
KANDJII Kaitira, Otjombinḓe
KANDJII Tusnelt, Gam
KANDJOU Mekupi Inge, Otjovengi, Otjinene
KANDONGA Bones, Okaronḏu, Okotjituuo
KANDOVAZU Abel, Ezorongondo, Epukiro
KANGOMBE Marukua, Okaoko
KANGOMBE Kazoropara, Okomuhona, Okaoko
KANGUATJIVI Kakazona, Okatuuo, Epukiro
KANGUATJIVI Mukoperua, Otjitundu, Epukiro
KANJAA Uaurovandu, Otjinene
KAONGUA Mupuee Amos, Okotjituuo
KAPENAZE Eben, Okotjituuo
KAPII Munovandu, Okahua, Otjombinḓe
KAPUKARE Emma, Otjimbingue
KAPUTU Jarimbovandu, Ombakaha
KAPUTUAZA Natanael Utiriua, Ovituuua, Epukiro
KAPUTUAZA Riveteeko, Ovituuua, Epukiro
KARAMATA Veumuna Nahason

KARUHUMBA Kujaza, Okatuuo, Epukiro
KARUMENDU Erika, Ondjiripumua, Aminius
KARUMENDU Heundu W.P.
KARUMENDU Katiire, Omarindiwozondoroma, Epukiro
KARUMENDU Kovirumbu, Ovituua, Epukiro
KARUUOMBE Bertha, Okomumbonde, Omaheke
KARUUOMBE Willem Ikuaterua, Otjozondjima, Epukiro
KASUTO Benjamin, Otjinene
KATATAIZA Tuamanovandu
KATJAIMO Viauana, Ovitoto
KATJAMANA Kunondjo, Otjikondavirongo, Okotjituuo
KATJANGUA Benestus Eerike, Okauarongo, Okotjituuo
KATJANGUA Ngeke, Outa, Okakarara
KATJATAKO Erwin, Otjatjingenge, Okakarara
KATJATAKO Jefta, Otjatjingenge, Okakarara
KATJATENJA Maniki, Epata, Otjinene
KATJIHINGUA Mbenae, Omatanga, Okakarara
KATJIHINGUA Muuonge, Omatanga, Okakarara
KATJIJOVA Kenaa, Gam
KATJIMUNE Delilah, Gam
KATJIMUNE Else, Otjomuise, Khomas
KATJIMUNE Unotjari
KATJINAANI Erica, Okahandja
KATJINAANI M., Okombomi, Epukiro
KATJINAMUNENE Kamunikua, Omutukururu, Okakarara
KATJINGISIUA Kavemunu, Okumu, Aminius
KATJINGISIUA Tjizamejuva, Oahava, Aminius
KATJIPI Kaejarukapo Evangeline, Omingerenjau, Okotjituuo
KATJIPUKA Alfons, Aminius
KATJIPUKA Kaneekuesa
KATJIRUA N.V., Otjomuise, Khomas
KATJIRUA Theobald, Ezorongondo, Epukiro
KATJIRURU Smiley, Omungondo, Okakarara
KATJITEO Akhas, Kalkpan, Epukiro
KATJITEO Charles
KATJITEO Memory Murise, Kalkpan, Epukiro
KATJIUA Jakuaa Katjivikua, Okarui, Otjinene
KATJIUA Janet Ngurimuje, Ondjora, Otjinene
KATJIUKUA Orpa, Otjomuise
KATJIUTUA Karukukutu, Ovituuua, Epukiro

KATJIVIKUA Venomuinjo, Ezorongondo, Epukiro
KATUAMBA G., Okamapingo, Okondjatu
KATUAMBA M., Okaepe, Okakarara
KATUNOHANGE Tina, Okotjituuo
KATUNOHANGE -TJERIKO, Hilde, Orunahi, Okakarara
KATUPOSE Tjivii, Okaoko
KATURUMO Steven, Gam
KATURUMO Uaundja, Aminius
KATUUO Elton, Jakkalsdraai, Aminius
KAUARI Karukee, Aminius
KAUATA Tjovii, Otjihitua, Otjinene
KAUHEVA Kamuine, Gam
KAUHONINA Alfons Kauraisa Hoveka, Tsoasis, Aminius
KAUHONINA Hilde, Orunahi, Okakarara
KAUKUATA Kotoree, Okovimburu, Epukiro
KAUMBUNGU Ritjiuee, Okamborota, Okaoko
KAUNDJE Mbahimua, Otjomuise
KAUNE Goliath, Otjoruharui, Aminius
KAUNE Kakuveongarera, Omitivine, Aminius
KAURA Menongongo, Okatuuo
KAURA Uzuva, Outjo
KAURAISA Kapi
KAURAISA Mujapa, Otjomuise
KAUVI Hepee, Otjimbingue, Erongo
KAVANDARA Rinozondjimbi
KAVARI Aron Ueiturisa, Otjikoto, Eiseb Block
KAVARI Jekura U., Otuvero, Okaoko
KAVARI Kautendama, Okatuuo, Epukiro
KAVENDJAA Aleska
KAVERUA U., Otjomuise
KAVETUNA Akhas, Omapumba, Okondjatu
KAVIHURO Amalia Ngunguru, Otjitundu, Epukiro
KAZAPUA Uahatjiri, Ombujanjama, Otjinene
KAZOMBAUE Uazuva, Kalkpan, Epukiro
KAZOMBIAZE Gottlieb Meraakuani, Ovitoto
KAZONGARI Mariruaijani, Erindiromupanda, Otjinene
KAZUUKO Lukresia Meunae, Okahitua, Okakarara
KAZUUKO U., Okahitua, Okakarara
KENAMAUI Unotjari, Erongo
KORUHAMA Uondaja, Ekamba, Okaoko

KORUPANDA Kaepu, Okatuuo, Epukiro
KOTUKARU Eerike Hansina Okatuuo, Epukiro
KOTUKARU Uazuu, Okatuuo, Epukiro
KOZOSI Jatura, Okonjama, Aminius
KUAIMA Vepahoveni, Omihama, Gam
KUASEUA Jacqueline, Ondjombo, Erongo
KUHANGA Archie, Otjiwarongo, Otjozondjupa
KUHANGA Naftaline, Okahitua, Okakarara
KURANGERA Elizabeth Inaa, Ondjeombaranga, Otjimbingwe
KURITJINGA Blondina Vezemburuka, Omuṯukururu, Okakarara
MAEKOPO Kepo, Otjiperongo, Gam
MAENDO Jakob Muhongore, Okaoko
MAENDO Johanna, Otjokavare, Okaoko
MAHARERO Tuezemuna, Gam
MAIJA Erens, Okuapa, Okakarara
MAKONO Seun, Oruvize, Epukiro
MARENGA Nancy Katupa, Otjiyere, Otjinene
MARENGA Zuvee, Ondimba, Eiseb Block
MAUANO Mutekuroina, Okotjivango, Otjinene
MAUANO S., Tromia, Botswana
MAUNDU Kamuanguu
MAUNDU Veririsa, Otjivero, Okaoko
MAVENJONO Vajoo, Omupanda, Okondjaṯu
MAZEJARUKA T., Oturindi, Okaoko
MBAEVA Darius, Ohakavena, Epukiro
MBAEVA Inaanguhari, Ohakavena, Epukiro
MBAEVA Kamaarukua, Okombomi, Epukiro
MBAEVA Kavemuzuvire, Ohakavena, Epukiro
MBAEVA Ueriisako, Ohakavena, Epukiro
MBAEVA Zariuavi Fredrika, Ohakavena, Epukiro
MBAHA Kavazere, Gam
MBAHA Mujaje, Gam
MBAI Iteeza, Teku, Gam
MBAI Mujovandu, Gam
MBAI Uataapi, Gam
MBARIMUUO Jaezuruka
MBARORO Mapuruakuani̱, Otjetjekua, Okaoko
MBASUVA Kotjikete, Gam
MBATARA Kavetenge, Otjijarua, Epukiro
MBATJANGUASI Thilphine Karandua, Okomumbonde, Epukiro

MBENDURA Kariungua, Omaovipanga, Kaoko
MBINGE Oremuni, Otuzemba, Okaoko
MBONGAURA Theopo, Omaṱupa, Okakarara
MBUENDE Mbasara, Otjijarua, Otjombinḓe
MBUNGUHA Uvazee, Okaoko
MBURA Tjinoo, Omaueuozonjanda, Epukiro
MBURA Vistorine, Otjimati, Epukiro
MBURURA Verikoha, Onḓera, Okaoko
MBURURU Jamumapara, Okaoko
MBUTI Nieger, Omaruru
MERORO Alex Kambai, Bubi Pos, Omatako, Tsumkwe
MIEZE Benhardine, Omaṱupa, Okakarara
MOOṰU Maria, Otjomuise
MOOṰU Uakaa
MUARIAṊI Moses Tjitoro, Ovinjuru, Epukiro
MUARIAṊI Verinai, Omaueuozonjanda, Epukiro
MUATJETJEJA Vejamaije, Ombari, Gam
MUERE Ueturarisira Vapanguruka, Otuaṋi, Okaoko
MUHAINDJUMBA Hijapendje, Otjijere, Otjinene
MUHAINDJUMBA Johannes Hijaruhoze, Otjinene
MUHARUKUA Jaturire, Otjindjerese, Okaoko
MUHENJE Kahepere, Okangundumba, Okaoko
MUHENJE Tondoṋonee, Ongango, Okaoko
MUHENJE Zebedius, Onḓera, Okaoko
MUHEUE Utjitavi, Omao, Okaoko
MUHIMBA Ṱaa-usuverue, Otuvero, Okaoko
MUHUKA Mavejamuro, Otuvero, Okaoko
MUINJO Kairongua, Otjiperongo, Gam
MUJAZU Tjitouua, Ohakaṋe, Okakarara
MUJORO Jok, Otjora, Eiseb Block
MUJORO Stivovo, Otjombinḓe
MUKUNGU Priska, Oukango, Otjinene
MUKUNGU Vetjiua, Ozongaru, Otjinene
MUMBANGO Jajii, Oahava, Aminius
MUMBANGO Uvangeruaije, Oahava, Aminius
MUMBUU Jahindiruaije, Ombombo, Okaoko
MUNGENDJE Unaro, Otjozomenje, Aminius
MUNGUNDA Vetara
MUNIAZO Marcella, Okahitua, Okakarara
MUNIAZO Nguvii

MUPIA Runga, Otjokavare, Okaoko
MURANGI Adam Kahengere, Otjimati, Epukiro
MURANGI Kandjai, Okajombo, Epukiro
MURANGI Sarafia Kaandjere, Ohakavena, Epukiro
MURANGI Sophie, Otjauana (Botswana)
MUREMA Ngaandjue   Epata, Otjinene
MURETI Alfred Tupehi, Okatjana, Otjinene
MURETI Kujaa, Okatjana, Otjinene
MURIAMBIHU Mbaukua, Okumu, Aminius
MURIRUA Undjee, Tsoasis, Aminius
MUSASO Paseuokuruuo Matui, Ongango, Okaoko
MUTAMBO Motjiundikua, Omburo, Okaoko
MUTIRUA Alexia Tjaa, Otjihozu-otjiserandu, Okotjituuo
MUTIRUA Kuhatjiua, Omatjete, Erongo
MUUNDJUA Della, Gam
MUVANGUA Dorkas, Kalkpan, Epukiro
MUVANGUA Katjiuomukuao, Kalkpan, Epukiro
MUZUMA Kuvapikama, Otjokavare, Okaoko
MUZUMA Meriam, Otjinguindi, Erongo
NANGUNDA Uariromuangu, Omiroro, Okaoko
NDERURA Charlo, Okapere, Omaruru
NDINDA Tujoromajo, Ombujovakuru, Okakarara
NDISIRO Titiro, Otumbonde, Epukiro
NDJAI Florence Kutjaritje, Okaoko
NDJAVERA Daniel, Okazapamba, Otjinene
NGAHAHE Uazenga, Otjiuaneho, Otjinene
NGANJONE Jack, Okaundja, Okakarara
NGARUKA Hizembi, Ozombouvapa, Epukiro
NGARUKA Kambete, Ozombouvapa, Epukiro
NGAVA Kapitire, Otjikorondo, Otjinene
NGAVONDUEZU Muhonge, Omapumba, Okakarara
NGAVONDUEZU Tjiuamana, Omapumba, Okondjatu
NGOMBE M., Oruseu, Okaoko
NGUATJITI Hekee, Otjiuapehuri, Gam
NGUMBI Kaukuatisa, Ongondjanambari, Okaoko
NGUMBI Uatjiziua, Okatumba, Okaoko
NGUMBI Vasanavehe, Okorosave, Okaoko
NGUNAIHE Maupuruakuani, Okaoko
NGUPAHUA Akim, Otjijarua, Epukiro
NGUPAHUA Vivien Uaueza, Otjijarua, Epukiro

NGURUNJOKA E.U., Oruuua, Ovitoto
NJEMBO Tjivaṱu
PAVAZA Jackson, Okombepera, Aminius
PAVAZA S., Okombepera, Aminius
PURIZA Abiud, Okuapa, Okakarara
PUTUAOTA Kameisie, Okaoveni, Otjinene
PUTUAOTA Kaurika, Otjovengi, Otjinene
RAPUIKA Ndjipounongo, Otjongarangombe, Eiseb Block
RIRUAKO Siegfried Kandjambi, Okatuhoro, Okamatapati
RUHOZU Mateus Uomiti, Oukongo, Okaoko
RUHUMBA Ripuree, Otjovengi, Otjinene
RUKATA Kausekima, Ondamapehi, Gam
RUKATA Tungisee, Otjivanda, Otjozondjupa
RUKERO Dave Veziruapi, Okotjitundu, Okondjaṱu
RUKONGO Uanjanekua, Otjikondavirongo, Okaoko.
RUKUMA Bella, Onganga, Okaoko
RUPINGENA Uapeua, Omatjatjeva, Okakarara
RUTJANI Abel, Otuzemba, Okaoko
RUTJANI Rahapavi, Otuzemba, Okaoko
RUTJINDO Kamuhoke, Onḓera, Okaoko
SEMBA Alexia, Okakarara, Otjozondjupa
SHALUKENI Tjitumuzuva Hijova, Otjinene
TAPALA Deon, Opuwo, Okaoko
THOM Uararapeke, Otjahorovara, Okaoko
TJAHERE Karii, Otjipaheua, Otjinene
TJAHERE S., Otjipaheua, Otjinene
TJAHUHA Katjinduu, Otjimati, Epukiro
TJAIMBA Majiumbu Jozikee, Otjiyere, Otjinene
TJAKUVA Muariovandu, Okousaona, Okuapa
TJAKUVA Peunauṋe, Otjitunduua, Okaoko
TJAKUVA Undjizuva, Okamatapati
TJAMBIRU K., Omirora, Okaoko
TJAMBIRU Makuzavi, Rooidrom, Okaoko
TJAMBIRU Nguriperi, Otjitanda, Okaoko
TJAMENA Magreth, Erind'otjirarua, Otjinene
TJATINDI Javandua, Otjiuamapeta, Gam
TJATINDI Kavehaha, Kalkpan, Epukiro
TJATINDI Kenapeṱa, Kalkpan, Epukiro
TJAVARA Kairokoha, Okaoko
TJAVEONDJA Kuveri

TJEJA Majuva Orpa, Leeudrink, Otjombinḓe
TJEJA Tjeja, Eiseb 9, Eiseb Block
TJEJA-TJATINDI Jarinovandu, Ovinjuru, Epukiro
TJEJAMBA Girley Tuvatera, Otjetoveni, Okamatapati
TJERIKO Hilde Katunohange, Orunahi, Okakarara
TJERIKO Veunauna, Okomutenja, Okamatapati
TJERIKO Vezengisiruaije, Okomutenja, Okamatapati
TJETJOO V.K., Gam, Otjozondjupa
TJEUNDO Kazeongere, Okaoko
TJIHAMBUMA Uahimisa
TJIHANGE Ujeuetu, Ondore, Okaoko.
TJIHARUKA Tuauanekua, Orokapare, Okaoko
TJIHARUKA Uazamo, Otjekua, Okaoko
TJIHERO Albert Hoonjo, Okorusengo, Okondjaṱu
TJIHERO Tjipenandjambi, Okondjaṱu, Otjozondjupa
TJIHO Gideon Otjiwarongo, Epukiro
TJIHO Inaenda, Otjiwarongo, Epukiro
TJIHO Katenga, Otjiwarongo, Epukiro
TJIHO Muvi Z., Okakarara
TJIHUIKO Kapukiri, Okahitua, Okakarara
TJIHUIKO Mara, Okahitua, Okakarara
TJIHUMINO Michael, Eiseb, Omaheke
TJIHUNA Brown, Ombazu, Okaoko
TJIHURO Rijamekee, Omungondo-wahijasei, Otjinene
TJIJEURA Vekamuina, Okamapingo, Okondjaṱu
TJIJOMBO E., Omaheke
TJIJOMBO Kasirirue, Otuvero, Okaoko
TJIJOMBO Ngahivirikue, Oukongo, Okaoko
TJIKAKA Ruparakanua Mose, Gam 5
TJIKOTOKE Mbenaije, Okaoko
TJIKUMISA Kristof Tjatira, Omatapati, Okaoko
TJIKUNDI Ndambojovita, Ohinamupendure
TJIKUNDI Utondisa Kandanga
TJIKUZU Pienaar Tjikuzu, Ovituuua, Epukiro
TJIKUZU Unity Tjirarakanua, Otjijarua, Epukiro
TJIKUZU Vekondjisa, Aminius
TJIMBUNDU Heua, Ehungiro
TJINDJO Tjekupe, Otjwarongo, Otjozondjupa
TJINDJUMBA Vikapita, Ongango, Okaoko
TJINGAEṰE Asaria, Otjiuaneho, Otjinene

TJINGEE Ratarara, Okaoko
TJININGIRE Uriparue, Onjuva, Okaoko
TJIPANGANDJARA Tjijandjeua Katje, Okahandja
TJIPARURO M., Otjiṭoko, Okaoko
TJIPARURO M., Otuzemba, Okaoko
TJIPE Edla Kavesana, Omupanda, Okakarara
TJIPEPA Ketemba, Okorosave, Okaoko
TJIPETEKERA Kauzondondjo, Okamuinakondjimba, Otjinene
TJIPETEKERA Koviao Josua, Otjinene
TJIPOMBO Muniongungo, Ohamuheke, Okaoko
TJIPOSA Kaepirikua, Epupa, Okaoko
TJIPOSA Pezuua, Opuwo, Okaoko
TJIPURAVANDU Ismael Kuzavi, Okuapa, Okakarara
TJIRAMBA Ingrid Puumue, Otjombinde
TJIRAMBI Uaitavera, Otjiurunga, Okaoko
TJIRASO Kaipamba, Ombepera, Okaoko
TJIRASO Ukondorokua, Otjiuu, Okaoko.
TJIRONGO Dickson, Okondjaṭu
TJIROZE Nikodemus Amutata, Ohakavena, Epukiro
TJITEMISA Kaazemua, Otjombinḓe
TJITOMBO Kaverimunu, Ondjoumbaranga, Otjimbingue
TJITUKA Kahekemo, Okatuuo, Epukiro
TJIṬUNGA Ebson, Otjijarua, Epukiro
TJIUIJU Komisara Tuaujauka, Okaoko
TJIUIJU Rinomambo E., Okomungondo, Omaheke
TJIUMA Kahipa Mbapanḓa, Okaoko
TJIUMBUA Else, Ozonungu, Okaoko
TJIUMBUA Mangenete, Onjuva, Okaoko
TJIUMBUA Uatanaura, Katjindove, Okaoko
TJIUOROKISA Jatiriua, Ombujovakuru, Okakarara
TJIVAU Rina, Oketoveni, Aminius
TJIZERA K., Otjiperongo, Gam
TJIZOO Gerson T., Otjora, Omaheke
TJOMAZEVA Ben, Omuramba wa Nguruvau, Okaoko
TJOMAZEVA Zeponda, Okauuore, Okaoko
TJONGA Uerikumbira Dankie, Ovituuua, Epukiro
TJOZONGORO Uatjavi, Omauezonjanda, Epukiro
TUAHUKU Kauna, Teku, Gam
ṬUNEEKO Tjiratjiza, Ouṭakaha, Aminius
TUTJAVI Ephraim, Omao, Okaoko

TUTJAVI Tueembo, Otuvero, Okaoko
UAHUPIRAPI Hilde, Otjwarongo, Otjozondjupa
UAMBURU Venondjamo, Okanguindi, Okotjituuo
UANIVI Tjitjai, De Hoek, Otjombinde
UARUKUJANI Edith, Otjongue, Omaheke
UASETA Erika Kautoora, Ehungiro, Otjinene
UAZENGISA Thabita, Orunahi, Okakarara
UAZIKIZA Itamunua Karipi, Tsoasis, Aminius
URIKA Bans, Aminius
VESEEVETE Mbanda Hijangaruu, Otumborombonga, Okakarara
VESEEVETE Uerihorora, Otumborombonga, Okakarara
VINDINA Kevangoo, Otjiserandu, Gam
VIRERE K., Okavare, Okaoko
VIRIMUJE Ripuree, Ovikango-vyovandu voya Kaongombe, Okotjituuo
ZAARUKA Alfons, Oruuua, Ovitoto
ZAHUNGAMA Uavangonganda Nene, Otjerunda, Okaoko
ZATJINDA Kauoo, Okaoko
ZAUANA M.D., Okajombo, Epukiro
ZAUANA Rikondja, Embonde, Eiseb Block
ZERAEUA Manasse Meundju, Okaumbaaha, Omaruru

www.ingramcontent.com/pod-product-compliance
Lightning Source LLC
Chambersburg PA
CBHW031834230426
43669CB00009B/1349